어쩌다
유튜버

KB192930

어쩌다 유튜버

초판 인쇄 2024년 10월 20일
초판 발행 2024년 10월 30일

지은이 오상훈, 김민정, 김영대, 손보달, 윤인수, 원호연, 이주환
발행인 조현수
펴낸곳 더 로드
기획 조영재
디자인 정의도
주소 경기도 파주시 광인사길 68. 201-4호
전화 031) 942-5364, 5366
팩스 031-942-5368
이메일 provence70@naver.com
등록번호 제396-2022-000130호
ISBN 979-11-982026-7-3 (73910)

정가 18,500원

어쩌다 유튜버

유튜버로 전직한
7인 7색 리얼 생존 노하우

손보달 · 윤인수 · 오상훈 · 김영대 · 원호연 · 이주환 · 김민정 지음

도서출판 더 로드
The Road Books

유튜브 영상의 카테고리는 매우 다양하며, 성공할 수 있는 전략 또한 무수히 많습니다. 성공한 크리에이터들은 적지 않지만, 그들의 성공담이 모든 크리에이터에게 도움이 된다고 하기에는 한계가 있습니다.

많은 크리에이터와 일반인들은 채널을 성공적으로 운영하거나 쉽게 고수익을 올리는 것을 기대합니다. 그러나 대부분의 크리에이터는 생존을 위한 최소한의 수익을 얻기도 벅차며, 결국 크리에이터로서의 길을 포기하는 경우도 많습니다. 이 책은 그러한 현실 속에서 크리에이터들이 생존할 수 있는 실질적인 방법을 제시하기 위해 기획되었습니다.

이 책은 각 카테고리에서 성공한 크리에이터들, 또는 성과를 거두고 있는 크리에이터들이 장밋빛 이야기만을 전하기보다는, 현실적으로 크리에이터들이 생존할 수 있는 실질적인 방법을 전달하는 데 초점을 맞추고 있습니다. 과거의 이야기가 아닌, 현재 활동 중인 유튜버들의 이야기를 통해 현재의 유튜브 생태계에 적합한 현실적인 조언을 제공하고자 합니다.

유튜버 피키피디의 이야기

저자 프로필과
프롤로그

이주환
화니의주방

10만 구독자 요리 및
식문화 전문 유튜버

10만 구독자 요리 및 식문화 전문 유튜버 • 2018 경기콘텐츠 진흥원 1인 크리에이터 지원사업 활동 • 대한민국 의류 브랜드 칸투칸 자회사 '먹고 합시다' 콘텐츠발행 • 한국복지대학교 장애인 크리에이터 과정 강사활동 • 미국육류수출협회 홍보 콘텐츠 제작 • 요리책 홈메이드 중식 50 출간(알에이치 코리아) • 클래스 101 중국요리 클래스 운영 • 클래스 101 홍콩&마카오 베이커리 클래스 운영 • 평창농협 대관령한우 홍보콘텐츠 제작 • 전복자조금 홍보콘텐츠 제작

現) 레스토랑 메뉴 컨설턴트 & 요리강사 • 現) 시나몬 스튜디오 대표

유튜브를 시작한 지 9년이 다 되어갑니다. 처음에는 영상이라는 것에 대해 전혀 알지 못했고, 그나마 요리 분야에서만 경험이 있었으니 요리 채널을 운영하기로 했습니다. 그 당시에는 알고리즘 같은 개념도 생소했죠. 단순히 콘텐츠를 만들고, 조회수가 조금씩 오를 때마다 기뻐하며, 그런 소소한 즐거움으로 유튜브 생활을 이어갔습니다. 하지만, 시간이 지날수록 현실의 벽에 부딪히게 되었고, 제 자신도 많이 변화했습니다.

요즘에는 '유튜브를 한다'는 표현보다는 '유튜브에서 생존 중이다'라고 표현하는 게 더 적절하게 느껴집니다. 구독자 10만 명을 넘기면 중소기업 대리급 월급이 보장되고, 여행도 하고 요리도 찍어서 유리연 듣이 된다고 하지만, 실제로는 그렇게 간단하지 않습니다. 화려한 무대 뒤에는 언제나 삭막하고 쓸쓸한 현실이 존재하듯, 유튜브 세계도 마찬가지입니다.

그럼에도 불구하고, 요리에 대한 사랑은 여전합니다. 그런데 왜 요리 콘텐츠를 요즘은 올리지 않느냐고요? 요리를 즐기는 것과 그것을 콘텐츠로 제작하는 것은 별개의 문제니까요. 예를 들어, 연인과의 데이트를 콘텐츠로 찍는다면, 100% 온전히 데이트를 즐길 수 있을까요? 데이트를 즐기기보다는 콘텐츠 제작이 주가 된 또 다른 일이 되어버리겠죠. 그렇게 좋아하던 것을 일로 만들어버렸습니다. 그런 현실이 다소 쓸쓸하긴 하지만, 여전히 열정적으로 임할 수 있는 건 좋아하던 일이기 때문입니다.

저는 오늘도 유튜브에서 생존을 이어갑니다. 낯설지 않습니다. 유튜브를 시작하기 전에도 방랑자의 삶을 살았으니, 이곳에서도 비슷하게 적응해 나가면 될 테니까요.

원호연
호캠프

3만구독자 캠핑 유튜버
& 방송인

3만 구독자 캠핑 유튜버 & 방송인
SBS 생활의 달인 931회, 932회 〈캠핑장만 500곳 다닌 캠핑장 달인〉
EBS 한국기행 755편 〈밥도둑 기행 3부 캠핑 달인의 인생밥〉
KBS 생생정보 1892회 〈엄마와 아들이 떠나는 영월 캠핑〉
SBS 생방송 투데이 〈초보 캠핑족 배움터! 단체 캠핑〉
호캠프 페스티벌 주최 (2023년 5월, 10월, 2024년 5월)

現) 캠핑여지도 대표

캠핑에 대한 지식이 전혀 없었던 제가 캠핑 유튜버가 되고, 이제는 캠핑 고수로, 캠핑 달인으로 공중파 방송에도 자주 출연하게 되었습니다. 유튜버라면 촬영과 편집 기술, 전문적인 지식이 필요하다고 생각하기 쉬운데, 저는 캠핑에 대한 아무런 지식 없이 유튜버가 되었습니다.
촬영과 편집 기술 역시 없었죠. 심지어 처음에는 캠핑 유튜버가 될 계획도 없었습니다. 무작정 스마트폰을 들고 촬영을 시작했고, 알고리즘의 흐름을 따라가다 보니 자연스럽게 캠핑 유튜버가 된 것이었습니다. 캠핑에 대한 깊은 지식이나 많은 장비가 없어도 캠핑 유튜버가 될 수 있다는 것을 보여주고 싶었습니다. 이제는 캠핑에 대한 지식이 부족했던 제가 3만 구독자를 가진 캠핑 유튜버가 되어, 많은 캠퍼분들의 관심과 사랑을 받으며 300명 이상의 인원이 모이는 캠핑 페스티벌도 주최하고 있습니다.
이 책에서는 유튜브와 방송에서 다루지 않았던 제 진짜 이야기를 들려드리려고 합니다. 유튜브 도전을 망설이거나, 이제 막 시작했지만 원하는 대로 되지 않아 포기하려는 분들께, 저와 동료 유튜버들의 이야기를 통해 용기를 얻어 도전해 보시길 바랍니다.

윤인수
호박네하우스

리빙 전문 유튜버

1.7만 구독 리빙 전문 유튜버 • 1.2만 이웃 리빙 전문 네이버 인플루언서
LG전자 상품기획 고객 자문단 L.UP 멤버 • 서울경제진흥원(SBA) 커머스 쇼플루언서 자격
Class101 셀프 인테리어/취준생 취업 강의 클래스 운영
EBS 〈일단 해봐요 생방송 오후 1시〉 셀프 인테리어 전문가 출연
JTBC 〈알짜왕〉 〈아지트〉, KBS 〈무엇이든 물어보세요〉 • 도시농부 전문가 다수 출연
2018 농림수산식품부 "도시농업 실천후기" 공모전 최우수상 • 2015 네이버 블로거 추석 백일장 준장원

前) TE Connectivity Inside Sales • 前) 한뫼컨설팅 Executive Search Firm 이사

저는 평화로운 일상을 통해 행복을 추구하는 집순이 리빙 크리에이터, 호박네하우스입니다. 10년 넘게 블로그를 운영해온 1세대 블로거로서, 블로그 미션을 수행하며 영상을 제작하는 방법을 배우게 되었고, 이를 계기로 유튜브를 시작하게 되었습니다. 처음에는 수동적인 미션 도구로 여겼던 유튜브가 어느 순간, 제 삶의 지혜를 나눌 수 있는 중요한 채널이 되었다는 것을 깨달았습니다. 그래서 10년 넘게 쌓아온 제 살림 노하우를 영상으로 담아내기 시작했습니다.

30년 동안 몸담았던 직업을 그만두면서, 유튜브는 저에게 새로운 도전이자 중심이 되었습니다. 크리에이터는 끊임없이 트렌드를 배우고 자신만의 전문성을 강화해야 한다고 생각합니다. SBA 쇼플루언서 자격을 갖게 되면서, 저는 블로그와 유튜브를 활용한 듀얼 커머스 크리에이터로 자리 잡았습니다. 블로그로 정보를 전달하고 유튜브에서 실사용 영상을 담아내며 시너지를 내는 방식으로 상호 윈-윈할 수 있는 방법을 찾아가고 있습니다.

저는 제 플랫폼의 힘을 최대한 활용하여 원소스 멀티유즈 크리에이터로서의 시너지를 극대화하고자 합니다. 쟁쟁한 리빙 유튜버들 사이에서 아직 갈 길이 멀고 험하지만, 꾸준한 노력과 저만의 강점을 바탕으로 커머스 크리에이터로 자리매김하고자 합니다. 또한, 중년 이후 새로운 시작으로 유튜버를 꿈꾸는 분들께 부담 없이 도전할 수 있는 방법과 노하우를 나누고 싶습니다. 꾸준함과 과감함을 장착하고 나만의 색깔로 성장해 가는 여정을 함께하길 바랍니다.

손보달
솔바위농원

귀농 15년 차 농부 유튜버

60만 구독 귀농 15년 차 농부 유튜버 • MBC 생방송 〈오늘 저녁〉, KBS 〈6시 내 고향〉,
SBS 〈생방송 투데이〉, MBN 〈황금알〉 〈천기누설〉 등 • 40회 농업인으로 방송 출연
농업인 대상 유튜브 강의 • 퇴직 예정자 귀농 귀촌 교육 강의 • 농작물, 농기계 공동구매 커머스 운영

前) LG전자 사원 • 前) 〈월간사진〉 초대작가 • 現) 솔바위 농원 대표

안정적이던 대기업을 떠나 다양한 도전 끝에 귀농을 선택한 지 15년이 되었습니다. 현재는 농업
인 유튜버, 즉 '농튜버'로 활동하고 있으며, 제 유튜브 채널에는 우연한 기회로 시작한 초보 유튜
버가 농업인 유튜버 1위라는 타이틀을 달기까지의 파란만장한 인생이 고스란히 담겨 있습니다.
대기업 시절 아마추어 사진작가로 활동했던 경험과 귀농 후 운영했던 네이버 블로그는 유튜브
라는 새로운 길을 걷는 데 큰 힘이 되었습니다.
하지만 농업인의 길은 생각보다 훨씬 험난했습니다. 첫 귀농을 하자마자 다가온 곤파스 태풍의
피해는 제 삶을 송두리째 흔들어 놓았습니다. 그 시련이 오히려 세상의 주목을 받게 되는 계기
가 되었고, 귀농인의 현실을 그대로 담아낸 영상은 많은 이들에게 공감을 불러일으켰습니다. 그
렇게 제 유튜브 채널은 성장하기 시작했습니다.
귀농하면서 겪었던 어려움과 빚쟁이로서의 고통을 공유하며 제 채널은 점차 성장했고, 현재는
60만 구독자를 가진 농업인 유튜버 1위로 자리매김하게 되었습니다. 저는 귀농인으로서의 어려
움을 누구보다 잘 알고 있기 때문에, 판로 개척에 어려움을 겪는 귀농인들에게 새로운 기회를
제공하는 플랫폼이 되고 싶습니다. 또한 소비자들에게는 건강한 유통 과정을 통해 보다 합리적
인 가격으로 구매할 수 있는 기회를 제공하고자 합니다.
더불어 초보 유튜버가 단기간에 도전하여 농튜버 1위가 된 저의 노하우를 통해, 유튜버를 시작
하려는 분들에게 희망을 전하고 싶습니다. 제 인생 역전 드라마처럼, 여러분도 과감하게 도전해
보시기 바랍니다.

김영대
가온파의
힐링 하우스

전원주택 건축 전문 유튜버

15만 구독자 전원주택 건축 전문 유튜버
eBay 창업 교과서, 음식점 사장님을 위한 실전 마케팅 전략 공저
한양여자대학교 창업실무 교재 집필
중앙대 창업경영대학원 창업경영학과 석사

現) 상생창업연구소 대표
前) 소상공인시장진흥공단 마케팅 전문강사, 전문컨설턴트
前) 동덕여대, 한양여대, 경인여대 출강

건축에 대한 깊은 지식도, 전문적인 촬영 장비도 없이 오직 스마트폰 하나로 시작했던 '가온파의 힐링하우스'가 어느새 전원주택 건축 전문 유튜브 채널로 자리잡게 된 것은 꾸준한 노력과 제 영상에서 진정성을 느껴주신 구독자분들 덕분이라 생각합니다.
이제는 제 이름보다 '가온파'라는 유튜브 닉네임이 더 익숙해진 중년 유튜버로서, 50을 곧 맞이하는 이 시점에 유튜버를 꿈꾸는 40대 이상의 독자분들께 희망의 메시지를 전하고 싶습니다.
"여러분도 시작하세요! 지금 시작해도 가온파보다 훨씬 성공한 유튜버가 될 수 있습니다!"라는 용기를 주고, 실질적인 유튜버 성장 노하우와 솔직한 경험담을 나누고자 합니다.
망설이고 계셨던 분들도 이 책을 통해 동기부여를 받고, 유튜버의 길로 나아가 저와 함께 즐거운 여정을 떠날 수 있기를 바랍니다.

김민정
피키피디
피키마마

유튜브 비디오 컨트리뷰터

국내 최초 구글 아시아 1등 Video Creator Award 수상
구글 유튜브 비디오 컨트리뷰터, Product Expert GPE (플래티넘 레벨)
중장년 1인 미디어 영상 공모전 최우수상 수상 • 유튜브 *피키피디* 운영
tvN 〈나도 엄마는 처음이라〉 출연 (소유진 진행) • LG 마케팅팀과 가전제품 솔직 리뷰
롯데 칠성사이다, 싱싱마켓 리뷰 • 서울시 패션위크 리뷰 • 유튜브 *피키Mama* 운영

前) 미국 뉴욕 Cablevision Lead UI/UX 디자이너
前) 미국 뉴욕 New York City Department of Parks & Recreation: 그래픽 디자이너
前) 디아이디 커뮤니케이션: 그래픽 디자이너

이제 유튜브에서 생존하려면 구독자 수가 적더라도 수익화를 실현해야 합니다. 유튜버로 시작하는 것이 어려운 것뿐만 아니라, 중도에 포기하는 경우가 많은 이유 중 하나는 구독자 수와 수익이 비례하지 않는다는 현실 때문입니다. 내가 좋아하는 일을 지속하기 위해서는 다양한 직업을 병행해야 하는 것이 요즘의 현실입니다. 요즘은 구독자가 많아도 채널을 유지하기 어려운 경우가 점점 더 많아지고 있습니다.

저는 국내 최초로 구글 아시아 1등 Video Creator Award를 수상했고, 구글 유튜브 비디오 컨트리뷰터 및 Product Expert GPE (플래티넘 레벨)로 활동하고 있습니다. 이러한 경험을 바탕으로, 구독자가 적어도 수익화를 실현할 수 있는 노하우를 공유하고자 합니다. 많은 사람들이 "지금 유튜브를 시작하기엔 이미 레드오션이다. 유튜브를 하지 말라"고 말하지만, 그 말이 맞을 수도 있고 아닐 수도 있습니다. 여러분이 어떻게 유튜브 채널을 설정하느냐에 따라 상황은 달라질 수 있습니다.

이 책에서는 구독자가 적은 상황에서도 생존할 수 있는 노하우와 작은 꿀팁들을 소개할 것입니다. 틈새시장을 공략하고, 그 작은 비밀들을 함께 나누어 보지 않겠습니까? 여러분도 유튜브의 새로운 가능성을 발견하고, 저와 함께 그 비밀을 오픈해 보시길 바랍니다.

오상훈
훈타민

여행 유튜버

KBS 울산 '울산의 유산' UCC 공모전 다큐멘터리 부문 은상 수상 (2018)
한국관광공사 영상 공모전 3건 수상 (2018)
(사)한국웰니스산업협회 'K 웰니스 인플루언서 콘테스트' 최우수상 수상 (2023)
(재)굿네이버스 글로벌임팩트 '임팩트 크리에이터' 선정 (2022)
(사)한국유튜버협회 '이달의 핫 유튜버' 선정 (2023)

現) 블라디엠앤씨 대표
現) 대통령직속 민주평화통일자문회의 자문위원
前) 서울시의원 후보 (2018)
前) 서울동작청년회의소(JC) 회장 (2018)
경북고등학교 / 성균관대학교 러시아어문학과 졸업

국내 기업의 지원 프로그램을 살펴보면, 대개 창업 3년 이내의 스타트업을 주요 대상으로 삼고 있으며, 때때로 초창기 7년 이내의 기업이 조건에 포함되기도 합니다. 그러나 창업 7년 이상의 사업체에 대한 지원은 사실상 거의 없다고 봐도 무방합니다. 이 '7년'이라는 시간의 무게를 실감할 수 있는 순간이기도 합니다.

제 유튜브 채널 *훈타민*은 2015년 8월 18일에 공식 개설되었지만, 본격적으로 전업 유튜버로서 활동을 재개한 것은 2017년 2월 1일부터였습니다. 지금 이 원고를 작성하는 시점에서, 제 채널은 이미 만 7년을 넘긴 상태입니다. 하지만 채널이 외형적인 성장을 급격히 이루기 시작한 것은 불과 2년도 채 되지 않았고, 비즈니스 실적도 꾸준히 우상향한다고 하기는 어려운 현실입니다.

저의 채널은 '절박한 생존을 위한 노력'을 가장 잘 표현하는 사례가 아닐까 싶습니다. 동시에 7년을 넘겨 여전히 버티고 있는 제 채널이 다른 유튜버들에게는 희망의 지침이 될 수도 있다는 무거운 책임감도 느끼고 있습니다. 이번 원고는 성공자의 관점이 아니라, 비슷한 길을 걷고 있는 크리에이터의 마음으로 집필하였습니다.

유튜버 솔바위농원의 이야기

어쩌다
농부 유튜버가 되었나?

▶

안녕하세요? 저는 평택에서 26개 동의 하우스 농사를 지으며 영농일기와 귀농정보를 공유하고 영농 관련 쇼핑을 운영하고 있는 농부 유튜버 솔바위농원입니다.

저는 농사를 지으며 땅을 가꾸고 작물을 키우는 일만큼이나 수확한 농산물을 판매하는 것도 중요하다고 생각했습니다. 그래서 농산물의 홍보와 마케팅에도 집중했고, 틈틈이 다음카페와 네이버 블로그 등 다양한 SNS 채널을 활용해 왔습니다. 농사의 전 과정을 사진과 글로 생생하게 게재하면서 농장에서 나오는 농산물을 인터넷 직거래로 판매했었는데요. 그때부터 농부에게 중요한 것은 땀 흘려 일군 수확물의 수익화라는 생각으로 기록을 남기는 작업을 했었던 것 같습니다.

그런데 제 첫 직업은 농부가 아니었습니다. 저는 누구나 인정하는 안정적인 대기업인 LG전자에서 근무하던 회사원이었습니다. 그 때 일본 연수를 통해 만난 일본의 슈퍼마켓과 자판기 시스템에 충격을 받았고, 귀국 후 우리나라에는 없는 새로운 시스템의 슈퍼마켓을 직접 운영해 보고 싶어 과감하게 퇴사를 결정했습니다. 저는 새로운 아이디어가 떠오르면 빠르게 결정하고 거침없이 실행하는 타입이거든요.

LG전자를 퇴사한 후 슈퍼마켓을 창업했지만, 경험 부족으로 인해 사업을 접게 되었습니다. 그 이후로 레스토랑과 중식당을 운영했고, 마지막으로 텃밭을 직접 가꾸며 기른 재료로 음식을 제공하는 보리밥집을 거쳐 귀농하게 된 15년 차 귀농인입니다. 거침없이 선택하고 실행한 만큼 성공과 실패, 좌절과 교훈을 얻은 변곡점이 많았던 인생이었습니다.

저는 앞서 말씀드린 것처럼 한 번 하기로 결정한 것에 대해서는 추진력이 매우 빠른 사람입니다. 농사짓기 전 식당을 운영했었는데, 지금까지 가게를 오픈한 게 모두 13번입니다. 중식, 한식, 레스토랑 그리고 보리밥집 등 총 13번을 오픈할 만큼 추진력이 강했어요. 성공 그리고 실패를 모두 경험해 본 시간이었습니다. 보리밥집을 마지막으로 식당 운영을 접었고, 당시 보리밥집에 올리던 쌈 채소를 재배한 100평의 텃밭을 인연으로 귀농을 해 농부의 길을 걷게 되었습니다.

제가 유튜브를 시작한 계기는 제 딸의 조언 때문입니다. 농부가 된 이후 직거래를 위해 꾸준하게 영농정보를 SNS에 올리게 되었고, 그로 인해 직접 농장으로 찾아오는 사람들도 많았는데요. 그렇게 많은 사람들을 만나고 영농정보를 SNS에 올리는 것을 옆에서 지켜보던 딸아이가 어느 날 제게 "아빠! 유튜브 한번 해볼래요?"라고 제안을 했어요.

　딸아이가 단순히 유튜브를 해보라는 제안을 했다면 아마도 고민을 많이 했을 것 같습니다. 당시 유튜브가 한창 뜨던 시절이었고, 딸아이는 유튜브로 구독자가 많아지면 돈도 벌 수 있다는 얘기를 했어요. '단순히 영상을 올리는 것이 아니라 그것으로 돈을 벌 수 있다!'라는 딸아이의 말에 눈이 번쩍 뜨였습니다.

　그때만 해도 유튜브는 제때 보지 못한 주말 연속극을 재방송 다시 보기 하는 것 정도이거나, 또는 내가 좋아하는 노래를 찾아 들을 수 있는 그 정도가 유튜브의 전부였는데, 그렇게 자신만의 채널로 키우면 돈을 벌 수 있다는 걸 처음 알게 되었던 거죠.

　제가 지금까지 해 왔던 SNS 채널을 통해 영농정보를 사진과 글로 전했던 것을 영상으로 만들어 알려 주기만 하면 사람들이 보게 되고, 그런 사람들이 많아지면 광고 수입이 생기게 된다는 조건이 저는 너무 맘에 들었습니다. 어차피 지금 하고 있는 다음카페나 네이버 블로그도 모두 농사 정보를 알려 주는 것인데, 똑같은 걸 하면서 돈을 벌 수 있다는 조건이 정말 마음에 들었습니다.

　당시 저는 비닐하우스 26개 동을 운영하면서 다양한 농작물을 재배하고 있었고, 작물 가짓수도 많아서 그에 대한 정보를 유튜브로 올리면 다양한 정보를 충분히 전해줄 수 있겠다는 생각이 들었습니다. 그렇게 해서 시작하게 된 유튜브 채널이 바로 지금의 〈솔바위농원〉입니다.

태생이 크리에이터?

귀농했을 당시 다른 사람이 적겨자 농사를 짓고 있던 걸 인수해서 적
겨자 출하를 한 적이 있습니다. 아침에 가락시장 경매 결과를 검색해 보
니 4만 원이 나와서, '그러면 백 박스 정도 가져가면 총 400만 원 아닌
가? 이거 대박이다!'라는 생각이 들었습니다.

경매를 통해 대박을 기대하며 시작했지만, 예상과 달리 형편없는
가격인 5,000원으로 책정되었습니다. 다른 사람들의 작물은 4만
원, 3만 5,000원으로 평가 받았는데 왜 내 작물만 5,000원밖에 안
되었는지 원인을 분석해 보았습니다. 결론적으로 출하된 작물의 모
양이 예쁘지 않아 상품 가치가 떨어졌고, 내 작물에 대한 인지도가
부족했습니다. 게다가 저처럼 가끔 경매에 참여하는 사람들에게는
가격이 후려쳐져 제 값을 받지 못하는 상황이었던 겁니다.
바로 그때, 더 이상 오프라인으로 경매에 의존하지 않고 제 값을 받
을 수 있는 온라인 직거래를 해야겠다고 결심하게 되었습니다.

15년 전 그때는 네이버 블로그보다 다음카페가 활발했었는데요. 농사
관련 카페 곧은터, 특수 작물을 사랑하는 특사모 등 농사 관련 카페들이
꽤 많았습니다. 직거래가 일어나는 그 카페에는 일정량의 방문자 수가
있어야 했고, 글을 올려야 했고, 댓글이 달려야 하는 등 몇 가지 조건이
맞아야 농산물을 팔 수가 있었습니다.

그래서 그 조건을 맞추기 위해 관련 정보들을 사진으로 찍어 다음카페

에 올리기 시작했습니다. 당시엔 디지털카메라로 찍어서 카메라에 옮긴 후 다시 하드 디스크에 저장하고 인터넷 SNS에 올리는 복잡하고 긴 작업을 거쳐서야 겨우 다음카페에 올릴 수 있었는데요. 그 어려운 과정을 거쳐 꾸준하게 사진과 글로 영농일기를 게재했고, 그때부터 온라인 직거래를 시작했습니다. 제가 꾸준하게 사진과 글로 SNS 작업을 시작한 때가 바로 그 무렵입니다.

다음카페에서는 농산물을 올려 판매를 연계하고, 블로그에는 영농일기를 쓰기 시작했습니다. 당시만 해도 대부분의 농부들은 노트에 글로만 영농일기를 썼는데, 저는 저의 첫 번째 직장 LG전자에서 동호회 사진작가로 활동한 경험을 살려 사진을 함께 담았습니다. 직접 리얼한 현장을 담은 사진을 찍고 글을 더해 네이버 블로그와 카페에 1주일에 5~6번 거의 매일 올렸습니다.

그렇게 늘 영농일기를 쓰고 사진으로 담는 작업을 해서인지 유튜브를 시작하는 것이 제겐 그리 어렵지 않았던 것 같습니다. 사진과 글로 썼던 걸 그대로 영상으로 담아내면 되었으니까요.

다른 사람들은 카메라 앞에서 말하는 것도 부담스러워하는 경우가 많지만, 저는 예전부터 계속 해왔던 일이라 큰 부담이 없었습니다. 글로 썼던 내용을 카메라를 켜고 말로 옮기는 것 외에는 특별히 달라질 게 없었던 거죠. 그런 저를 곁에서 지켜보고 있던 딸아이가 그런 저를 간파한 거죠. 제가 유튜브를 해도 잘할 수 있을 거라는 것을!

귀농하고 3년 차였을 때, 마침 귀농 귀촌 인구가 많아지면서 귀농귀촌센터가 생기기 시작했고, 제가 꾸준하게 썼던 블로그 글이 검색 노출이 되면서 강의를 해달라는 요청을 많이 받게 되었습니다. 원래 농부가 아니라 대기업에 다니다 퇴사한 후 슈퍼마켓을 창업했고, 이어 식당을 운영하다가 농부가 된 파란만장한 삶의 굴곡을 거친 귀농 귀촌의 전형적인 케이스라 더더욱 제 이야기가 특별했던 것 같습니다.

게다가 귀농하고 이제 막 하우스 농사를 시작한 20일 후, 적겨자가 무릎까지 올라와 수확을 앞두고 있던 바로 그 시점에 태풍 곰파스로 인해 비닐하우스가 풍비박산이 났던 이야기가 특별한 사례가 되었거든요.

그때 현장의 리얼한 사진을 그대로 블로그에 올리게 되었고, 그렇게 올렸던 히스토리는 귀농하자마자 힘든 과정을 겪고 다시 기적적으로 일어선 귀농 귀촌의 대표 사례가 되었던 거죠. 마침 그 이야기와 상황들이 모두 블로그와 유튜브에 사진과 영상으로 그대로 남아 대중에게 보여줄 수 있는 귀한 대표 사례가 될 수 있었습니다.

블로그든 유튜브든 스토리가 있으면 확실히 홍보하기가 쉽고, 그것은 나 자신뿐 아니라 다른 사람들이 활용할 때도 좋은 본보기가 되는 것 같습니다.

그 이후로 MBC 8시 뉴스, 9시 뉴스, YTN 등 5개 방송국이 한꺼번에 촬영을 위해 몰려봤고, 저는 〈6시 내고향〉, 〈생방송 투데이〉, MBC 생방송 〈오늘 저녁〉 등 지금까지 40여 개 이상의 방송에 출연하게 되었습니다. 파란만장한 나의 귀농 귀촌 스토리가 사진과 영상으로 남으면서 〈솔바위농원〉이 대중에게 널리 알려지게 된 것입니다.

태풍 곰파스로 인해 그야말로 풍비박산이 났던 농장이 지금 이렇게 크게 성장했다는 것은 대중에게 보여주기 딱 좋은 사례여서 이후 귀농귀촌센터가 저를 롤모델로 삼게 되었습니다.

그렇게 TV에 한 번 나올 때마다 블로그가 10~20%씩 계속 성장을 하게 되었는데요. 블로그는 당시 수익화를 위한 수단이기도 했었는데, 처음에는 10박스만 나가던 농산물이 그다음에 20박스, 30박스, 50박스, 이렇게 수직 상승하면서 팔리기 시작했습니다.

'아무리 좋은 농산물을 갖고 있어도 홍보와 마케팅을 하지 않으면 결국은 아무것도 하지 않은 거와 마찬가지다.'라고 저는 생각합니다. 그래서 저는 귀농 귀촌하는 사람들에게 비용을 들이지 않고 홍보할 수 있는 SNS를 무조건 꼭 활용하라고 강조합니다.

농부들에게 작물을 키우는 것만큼 판로를 개척하는 것은 매우 중요한 일입니다. 유튜브, 틱톡, 블로그, 인스타그램, 페이스북, 어느 것이든 무조건 시작해야 된다는 걸 꼭 강조하고 싶습니다.

저는 그렇게 농작물 홍보를 위해 카페와 블로그를 시작했고, 유튜브를 하면 광고 수입까지 얻을 수 있다는 딸아이의 제안으로 유튜브를 시작해 지금까지 꾸준히 해 올 수 있었습니다.

　하지만 딸아이의 결정적인 조언이 없었다면 스스로 유튜브를 해야겠다고 마음먹는 것은 좀 어려웠을지도 모릅니다. 저를 제일 잘 아는 딸아이의 조언이었기에 좀 더 긍정적으로, 보다 적극적으로 유튜브를 알아보는 계기가 되었고, 그것으로 수익을 창출할 수 있다는 말에 과감하게 거침없이 도전할 수 있었습니다.

②
LG전자 사원이 농부 유튜버 1위가 되기까지 파란만장한 나의 인생 드라마

인생은 60부터라고 하는데요. 지금 생각해 보면 제 인생은 참으로 파란만장했습니다. 40대 중반까지만 해도 상상하지 못했던 길을 걸었으니까요. 원래 직업은 LG전자 샐러리맨이었습니다. 7년간 몸담고 있었죠. 그러던 중 사진에 빠져들게 되었습니다. 사진 동호회인 '피포커스'에 가입해 사진 활동을 하다 보니 점점 사진 실력이 늘어 월간사진에 초대 작가로 활약하기까지 했습니다. 어쩌면 그때의 경험이 지금 유튜버 영상 제작의 기본이 된 것 같습니다.

제 성격이 어떤 일에 열정적으로 빠져들면 끝까지 가보는 스타일이었거든요. 그래서인지 주말마다 웨딩 앨범 촬영도 하게 되었는데, 그 수입이 회사 월급만큼이나 되었습니다. 그때 배우고 익혔던 사진 구도 잡는 경험은 영상을 찍을 때 제게 많은 도움을 주는 것 같습니다.

안정적인 회사였던 LG전자를 떠나 처음으로 창업을 하게 된 건 회사에서 보내준 6개월간의 일본 연수를 다녀온 후였습니다. 일본의 편의점과 자판기 문화에 충격을 받아 일본에서 돌아온 지 1년 만에 퇴사를 결정했고, 일본식 편의점 마트를 열었는데요. 당시 사진 아르바이트로 회사 월급만큼 부수입을 올리고 있던 터라 무모하고 빠르게 결정할 수 있었던 것 같습니다. 그런데 첫 창업에 대한 경험 부족으로 1년 반 만에 사업을 접게 되었습니다.

실패를 극복하기 위해 중화요리를 배워 식당을 시작했는데, 이번에는 대박이 났습니다. 그때 당시만해도 외식은 레스토랑 또는 중식이 전부였거든요. 짜장면 한 그릇에 1,900원 하던 시절, 하루 매출 30만 원, 한 달에 500~600만 원씩 벌었습니다. 한창 젊은 시절, 지금으로부터 30년 전 일입니다.

당시 중식당은 거의 배달이었는데, 안전사고가 잇따르면서 위험한 배달을 하지 않는 홀을 운영하기로 했습니다. 그런데 음식은 맛있었지만, 식당 위치가 외곽 지역이라 자동차가 귀하던 시절 홀 식당은 번창할 수가 없었습니다.

그 뒤로도 레스토랑, 고깃집 등 다양한 식당을 열면서 성공과 실패를 경험했습니다. 그 중 〈구들장〉이라는 오겹살 고깃집을 운영했을 때는 크게 성공을 거두었는데, 더 많은 돈을 벌 욕심으로 고깃집을 70평으로 늘리면서 힘들어지게 되었습니다. 너무 과하게 욕심을 내면 안 된다는 걸 그때 알게 된 것 같습니다.

귀농하기 전 마지막으로 열었던 보리밥집은 맛이 좋아 손님들이 줄을 서서 기다릴 정도였습니다. 잘 나가던 보리밥집이었지만 주 고객이었던 쌍용자동차의 경영악화와 구조조정으로 식당이 힘들어졌습니다. 게다가 원유 가격이 오르면서 타지에서의 발걸음도 뚝 끊기게 되어 보리밥집을 정리하였습니다. 그때가 제 나이 44세였습니다.

귀농을 적극적으로 결심하게 된 것은 보리밥집 앞에 텃밭을 직접 가꾸면서부터였습니다. 보리밥집 앞에 있던 100평의 못 쓰는 땅을 개간해 쌈채소를 키우고 손님상에 내놓기 시작했습니다. 벌레 먹어 구멍이 난 채소를 건강한 채소라고 사람들이 참 좋아했습니다. 그걸 보면서 앞으로 농사를 지어도 좋겠다고 마음먹었던 것 같습니다.

귀농을 하기 위해 정보를 알아보다 보니, 이제 앞으로 먹거리가 대세가 될 것 같았습니다. 특히 농촌에 농사를 짓는 사람이 점점 줄어들고 있다는 정보를 보고 귀농을 결심했습니다.

마침 보리밥집을 운영하면서 가꾸던 텃밭에 적겨자와 다른 쌈 채소들을 심었는데, 이걸 그대로 농장으로 만들면 돈이 될 수 있겠다는 생각이 들었습니다. 그렇게 본격적으로 귀농을 결심하게 되었고, 농진청에서 1년간 귀농 교육을 받고 귀농의 길로 들어서게 되었습니다.

그런데 첫 귀농 후 20일 만에 적겨자를 막 수확하려고 할 즈음 태풍 곰파스로 작물을 모두 잃는 시련을 겪게 되었습니다. 전 재산이 마이너스 5,000만 원이 될 정도로 아주 쫄딱 망하게 되었던 것입니다.

우여곡절 끝에 시작한 농사는 시작하자마자 태풍 곰파스로 좌절을 겪었지만, 어려움을 극복하고 다시 일어서는 귀농 귀촌의 표본이 되면서

SNS를 통해 저의 사례가 널리 알려지게 되었고, 다시 조금씩 성장해 나가기 시작했습니다.

당시 저는 농작물 직거래를 통한 수익화로 경제적으로 안정을 찾아가고 있었지만, 과연 나이 70이 되어서도 하루 200~300통의 전화를 받으며 바쁘게 일을 소화할 수 있을까? 하는 의문이 들었습니다. 연금도, 퇴직금도 없던 터라 미래를 고민하던 차에 유튜브를 만나게 된 것이죠.

2019년 코로나 팬데믹과 겹치면서 외부 활동이 제한되고 집에서 머무르는 시간이 늘어나면서 유튜브 또한 급성장했습니다. 그때 SNS를 활발하게 하던 저의 장점을 잘 아는 딸아이의 유튜브를 해보라는 제안을 받고 돈을 벌 수 있다면 유튜브에 도전해 봐야겠다고 결심하였습니다.

처음 한 달 반 정도는 영상을 30개 정도 올린 것 같습니다. 그런데 당시 조회수는 100이 넘어가는 게 하나도 없을 만큼 저조했고, 편집도 제대로 하지 못했습니다. 마침 평택 농업기술센터에서 영상제작편집 교육 프로그램이 있어 교육을 접하게 되었고 교육을 받으면서 처음으로 편집 기술을 익히게 되었습니다.

영상 조회수가 너무 낮아 어떻게 하면 조회수를 높일 수 있을까를 고민하다가 상위 유튜브 영상을 많이 찾아보았는데, 지금껏 제가 했던 네이버는 글로 지식을 표현하는 거라면, 유튜브는 영상으로 정보를 표현하는 거란 걸 그때 알게 되었습니다. 그때부터는 단순한 일상이 아닌, 농업 정보와 노하우를 담기 시작했습니다.

시기를 놓치지 않고 필요한 정보를 알기 쉽게!

2019년 4월, 조회수가 100이 넘어가지 않던 시절, 구독자가 100명도 안 되었을 때 감자를 가장 굵게 만드는 비법 영상을 올렸습니다. 감자가 굵게 자라려면 싹 5~6개 중 하나만 남기고 나머지는 잘라주어야 한다는 내용이었죠. 핵심은 영양분이 배분되기 때문에 줄기를 하나만 남겨야 뿌리가 튼실하다는 내용이었습니다.

놀랍게도 이 영상이 15만 뷰를 돌파하며 일주일 만에 구독자 수가 2,500명으로 늘어났습니다. 유튜브에서는 남들도 알고 있는 정보라도 직접 촬영하고 쉽게 설명하는 것이 가장 중요하다는 사실을 그때 알았습니다. 정보를 시기적절하게 일찍 공유하는 것 또한 중요한데, 농사에도 때가 있기 때문입니다.

제가 1년 만에 구독자 10만 명을 빠르게 달성할 수 있었던 것은 꾸준히 공부하며 정보를 종합했기 때문입니다. 아무리 바빠도 놓치지 않고 참여했던 교육들, 농작물 재배와 관련된 책자, 인터넷 정보 등과 함께 제 경험을 바탕으로 재구성하여 만든 영상을 시기보다 조금 앞서 일찍 올렸습니다.

예를 들면, 감자를 심고 굵게 수확하는 다양한 방법을 시기에 맞춰 조금 일찍 올렸습니다. 감자를 심은 후 한 달이 되면 싹 자르기, 그 후 꽃 따주기 등 매 순간 해줘야 할 것들이 많습니다. 당시 싹을 자르는 게 맞다 아니다 논란이 심했었는데, 제가 직접 경험하고 확인했던 정보를 취

합해 어떻게 하면 감자를 굵게 수확할 수 있는지 다양한 방법들을 전달
했습니다.

4월 말이 되면 고구마와 고추 등을 심는데, 저는 그에 맞춰 고추 진딧
물 예방법, 고구마 물 주지 않고 심는 방법 등의 영상을 올렸습니다. 고
구마는 척박한 땅에서 배수가 좋아야 튼실하게 열리는데, 배수를 좋게
하기 위해서는 경사진 면에 고구마를 심어야 합니다. 문제는 고구마를
경사면에 심으면 물주기가 어려워 농부들이 힘들어하는데, 〈물을 주지
않고 고구마를 심는 방법〉이란 제목으로 농부라면 누구나 궁금해하는
신박한 방법을 영상에 담게 된 것입니다.

그런데 이 영상 하나로 구독자가 4~5만 명에 이르렀고, 현재 229만
조회수를 기록한 난리가 난 대박 영상이 되었습니다.

이렇게 시기적절하게 거침없이 영상을 올리면서 노력한 결과, 2019
년 유튜브를 시작한 지 1년 만인 2020년에 구독자 10만 명을 달성했고,
2023년에는 농부 유튜버 1위에 올랐습니다. 그리고 지금은 60만 명의
구독자들과 함께 소통하고 있습니다.

③

떡상을 만드는
콘텐츠 기획 노하우

▶

농사일은 기본적으로 끊임없는 노동력을 요구합니다. 그래서 저는 어떻게 하면 더 효율적으로 영농을 할 수 있을까를 찾기 위해, 끊임없이 노력합니다. 그래서 아이디어가 남들보다 빨리 떠오르는 것 같습니다.

먼저 경험한 이들의 지혜를 빌리고, 전문가에게 꾸준한 교육을 받으며, 블로그와 다양한 영상 커뮤니티에서 정보를 취합합니다. "네 것도 내 것, 내 것도 내 것"이라는 말처럼, 모든 지식과 정보를 내 것으로 만들어 취합하고 활용하는 것이 중요하기 때문입니다. 다양한 정보를 종합하고, 제 경험을 더해 가장 최적의 농업 솔루션을 제공하려고 노력합니다.

제 목표는 정확하고 효율적인 정보를 제공하는 것입니다. 그래서 영상을 올리기 전에 다시 한번 검토하고 또 검토합니다. 블로그, 유튜브, 교육센터, 선배 농부들의 지혜와 제 경험을 모두 모아 종합적인 지식을 만듭니다. 이렇게 종합하고 체크하면 틀린 정보 없이 올바른 내용만을 전할 수 있습니다.

농사는 끝이 없습니다. 농사는 항상 다음 작업을 준비하는 동시에 현재 작업을 해야 하는 일입니다. 고추를 심으면 심은 걸로 끝나는 게 아니라 줄도 매 줘야 하고, 추비도 줘야 하고, 약도 쳐야 되고, 모든 것이 연속으로 이루어져야 합니다. 그래서 '어떻게 하면 농사일을 좀 더 효율적으로 마무리하고 다음을 준비할 수 있을까?' 하는 고민을 정말 많이 하는 것 같습니다. 그런 일련의 과정에서 내가 발견한, 또는 종합해서 확인한 방법들을 영상으로 꾸준히 공유하고 있습니다.

만약 다른 분야의 공부를 이렇게 열심히 했다면, 아마 서울의 명문대 정도는 갈 수 있지 않았을까? 이런 생각도 듭니다.

효율적인 농사에 대한 아이디어와 발 빠른 정보전달에 대한 열정과 노력이 저의 유튜브 콘텐츠 제작의 원동력이자 노하우가 되는 것 같습니다.

지금까지 다양한 영상 작업을 하면서 떡상을 이루었던 1위 농튜버의 영상 제작 노하우를 말씀드리자면, 가장 중요한 것은 '바로 올리기'입니다. 편집에 오랜 시간 매달리지 말고, 편집을 간단히 해서 빨리 올리는 것이 관건입니다. 지체할수록 생동감이 사라지기 때문입니다.

토마토 두배 수확하기 이런게 진짜 꿀팁 곁가지 이용해야 Double the tomato harvest. That's the real tip.

 솔바위농원
구독자 53.8만명

분석 동영상 수정

👍 2만 👎 ↗ 공유 ⬇ 오프라인 저장 💲 Thanks ···

저는 매일 새벽 4시 반에 일어나 틱톡과 유튜브를 통해 농업 관련 트렌드를 파악하는 것으로 하루를 시작합니다. 틱톡에서는 전국의 농부들이 올린 농작물 영상을 보며 제철 농산물과 전국 각지의 농사 실정을 한눈에 파악할 수 있습니다. 양파는 언제 들어가고, 또 감자는 언제 들어가고, 이 지방은 어떤 작물이 들어가고, 그런 것들을 한눈에 살펴보면서 영상 촬영에 필요한 아이디어를 얻습니다.

틱톡의 짧고 감각적인 영상들에서 반짝이는 아이디어를 얻고, 농업 트렌드를 살펴보면서 이를 바탕으로 하루일과를 구상합니다. 쓸만한 영상은 개인 밴드에 저장하고 메모를 합니다. 그리고 다른 농업인 유튜버들이 어떤 걸 올렸나 살펴본 후 하루일과를 시작합니다. 영상 촬영은 주로 시간 날 때 바로바로 하거나, 2~3개를 한꺼번에 수시로 촬영하기도 합니다.

쌈 채소 모종을 심는다고 하면, 모종 심을 때 촬영을 바로 시작하고 최대한 충분한 정보를 담습니다. 단순히 "모종 이렇게 심어요."가 아니라 언제 심고 얼마만큼 키워서 수확하고, 여기에 밑거름은 어떤 게 좋고, 모종 심기를 하면서도 작물 키우기에 대한 전체 정보를 다 주려고 합니다. 그리고 수확한 다음에 다시 모종 심기까지의 전 과정을 영상에 담아 올립니다.

전체적인 풀 정보를 매번 할 때마다 다 보여주고 알려 주는데요. 그래서 매번 올린 영상이 농부들에게 유용한 정보가 되는 것 같습니다. 한 번만 봐도 알 수 있게 충분한 정보를 주고, 시도 때도 없이 촬영하여 늦지 않게 제때 정보를 주려고 합니다. 결국 농부의 일상 자체를 영상으로 만든다고 보면 됩니다.

영상 촬영 후 제목을 만들 때는 인터넷에서 관련 키워드로 검색해 조회수가 높은 제목을 참고하여 제목을 정합니다. 조회수가 많이 나온 제목과 현재 사람들이 어떤 것에 관심이 많은지 트렌드를 살펴보고 제목을 만듭니다. 편집은 30분 이내로 마무리하며, 자막 사용은 최소화해 영상 자체에 집중할 수 있게 합니다.

제목을 먼저 생각하고 찍으면 시간이 너무 걸려서 속도가 나지 않기 때문에 빠른 업로드를 위해 제가 선택한 방법입니다. 자연스럽게 현장을 찍고 제목은 거기에 맞춰서 아이디어를 더해 조회수를 높일 수 있는 제목을 붙이는 거죠. 그걸 계속하다 보면 감이 생기고, 하루에 여러 개도 한꺼번에 만들수 있게 됩니다.

촬영 시 안정적인 구도와 화면 구성 능력을 갖추는 것도 필수입니다.

젊은 시절 사진작가로 활동하던 그때의 경험이 제겐 많은 도움이 되었습니다. 저는 대부분 앉아서 촬영하는데요. 서서 촬영하면 화면이 불안정해지고, 시청자의 집중력이 흩어질 염려가 있기 때문입니다.

또한 전문가가 아닌 초심자의 관점을 담아내는 것도 중요합니다. 촬영할 때는 보통 아내가 70%를 찍고 나머지 30%를 제가 찍는 편인데, 농사지식이 없는 아내와 티키타카하는 영상에 대한 호응도가 높습니다. 그 이유 중 하나는 아내가 던지는 엉뚱한 질문들이 오히려 초보 시청자들의 궁금증을 대변해 주기 때문입니다. 실제로 공감된다는 댓글이 많이 달립니다.

또 하나는 획일화된 콘텐츠보다는 넓은 범위의 주제를 다루는 것이 장점이 될 수 있다는 것입니다. 제가 농부 유튜버 1위가 될 수 있던 이유도 농촌 일상, 농사 정보만을 다루지 않고 콘텐츠를 다양화했기 때문이라고 생각합니다. 농사일에 대한 소재가 한정적이다 보면 지루해질 수 있고 반복될 수 있습니다. 기본적으로 귀농 귀촌을 주제로 하되 건축, 차박, 캠핑카, 농막, 한옥 등 다양한 소재를 포괄하기에 시청자들에게 신선함을 선사할 수 있었습니다.

이러한 다양한 콘텐츠를 위해 건축박람회도 1년에 6번은 찾습니다. 귀농을 하게 되면 집도 필요하고 농막도 필요해서 그에 대한 정보를 담을 수 있기 때문입니다. 제가 올린 관련영상 중 농막 소개 영상은 조회수가 130~140만 나온 것도 있습니다. 한옥 영상, 관리기, 미니 굴삭기 같은 영상은 100만이 넘은 것들도 많답니다. 그리고 그 영상을 통해 구독자 수도 어마어마하게 늘어났습니다.

    일상의 소소한 에피소드를 있는 그대로 담아내는 것도 재미를 더해줄 수 있습니다. 어느 날 무심코 아내가 태워버린 냄비를 닦아보려고 유튜브를 검색해 탄 냄비 닦는 법을 따라 한 영상이 조회수 140만 뷰를 기록하기도 했습니다. 생각지도 못한 일상의 한 장면이 대박 영상이 되기도 합니다. 탄 냄비 닦는 게 농부 유튜버와 무슨 상관이 있을까 싶지만, 사람들이 그렇게 좋아합니다. 일상이니까요. 그냥 누구나 다 겪을 수 있는 일상이기 때문입니다.

    요리 영상도 마찬가지입니다. 농장에서 쉽게 구할 수 있는 재료로 간단하게 요리했던 가지볶음 영상도, 제가 요리하는 모습 그 자체로 시청자들의 공감과 관심을 불러일으켰습니다.

    결국 중요한 것은 지나치게 꾸미지 않고, 실제 삶의 모습을 있는 그대로 담아내는 것입니다. 오랜 시간 공들여 편집하는 데 집중하는 것보다 편안하게 나의 일상을 그대로 자연스럽게 담아내는 거죠. 바로 그런 것들이 구독자들이 원하는 영상인 것 같습니다. 자연스럽고 진실해야 시청자들의 마음을 사로잡을 수 있습니다. 이것이 바로 제가 얻은 농촌 유튜버로서의 가장 값진 노하우입니다.

이렇게 빠른 시간에 농부 유튜버 1위에 오른 저의 성공 비결을 세 가지로 정리할 수 있을 것 같습니다.

첫째, 항상 새로운 정보를 제공하는 것입니다. 귀농 귀촌인들에게 뻔한 정보나 반복되는 정보가 아니라, 흥미롭고 유용한 정보를 꾸준히 제공하기 위해 노력했습니다. 정확한 정보전달을 위해 끊임없이 교육에 참여하고 블로그, 카페, 유튜브, 틱톡, 지인 농부 등 다양한 경로로 한 번 더 공부하고 검증하는 과정을 거쳤습니다.

둘째, 다양한 주제를 다루는 것입니다. 농사뿐만 아니라 귀농을 위해 필요한 건축, 농막을 다루었고, 제가 재배하는 작물뿐만 아니라 다른 사람들의 작물을 함께 연결하고, 그것과 관련한 유튜브 쇼핑도 연계하면서 다양한 콘텐츠로 구독자들의 흥미를 이끌어 낼 수 있었던 것 같습니다.

셋째, 실생활에서 일어난 일들을 있는 그대로 담는 것입니다. 귀농 귀촌뿐만 아니라 요리 생활 전반을 다루며 콘텐츠를 다양화한 것이 많은 구독자층을 확보하는 결과로 이어졌습니다. 구독자들에게 손맛 좋은 요리사의 경험을 살린 요리법이라든지, 농부의 일상생활에서 일어나는 일들을 솔직하게 영상으로 만들어 많은 공감을 얻었습니다.

저는 앞으로도 유튜브를 통해 더 많은 사람들에게 기쁨과 정보를 전달하고 싶습니다. 또한 농촌으로 어렵게 귀농 귀촌한 분들이 안정적으로 농업에 정착할 수 있도록 정보를 주고 싶고, 농업인 전체가 더 건강해지고 상생할 수 있는 직거래 유통의 문화를 만들어 가고 싶습니다.

④

채널을 받쳐주는 힘,
두둑한 팬심, 나는 이렇게 만들었다

▶

유튜브 채널의 성장은 구독자와 함께합니다. 아무리 구독자가 많아도 반응을 하지 않는 구독자라면 채널에 힘이 없습니다. 구독자는 영상 콘텐츠의 생명력이자, 채널의 토대가 됩니다. 그래서 저는 구독자분들을 늘 소중히 여기려고 노력합니다.

저는 농장 주인이자 유튜버로서 농산물을 활용해 다양한 이벤트를 진행했습니다. 협찬품이 들어오면 20개 정도 받아 협찬제품을 직접 써보게 하는 나눔을 했습니다. 그리고 구독자분들을 직접 농장에 초대해 함께 쌈 채소를 나누고, 경품을 걸어 선물을 드리는 이벤트도 진행했습니다. 또한 농장에서 귀농인들을 위한 세미나도 개최하고 있습니다. 구독자분들과 자주 소통하며 친밀감을 쌓아가고 있습니다.

　그중에서 구독자를 위해 제가 했던 가장 큰 행사는 '팜파티'였습니다. 150여 명의 구독자를 초청해 푸짐한 먹을거리를 대접하고, 농산물과 농기구 등 다양한 선물을 나누었습니다. 통돼지바베큐도 2마리를 준비했는데, 그것만 해도 200만 원이 넘는 금액이었고, 저희 농장에서 자라는 쌈 채소를 수확해 판매했던 것처럼 소분해서 구독자분들께 선물로 드렸습니다.

　우리 집 주력상품인 쌈 채소는 물론 서리태, 들깨, 참깨, 들기름, 참기름 고춧가루부터 농사에 필요한 영양제와 비료, 그리고 파종기 등 농기구, 7~80만 원 되는 건조기까지 팜파티에 참여한 구독자분들께 경품으로 나눔을 했습니다. 모두가 편하게 즐길 수 있는, 그리고 모두가 함께 웃을 수 있는 그런 팜파티를 만든 거죠.

　그렇게 한 번 만난 구독자분들은 정말 저의 찐 구독자, 찐팬이 됩니다. 제가 매일매일 영상을 올리다 보니 사실 유명 연예인보다 저를 더 자주 보게 되고, 그래서인지 저를 보면 연예인 보듯 다들 그렇게 좋아들 하십니다. 함께 사진을 찍고 이야기도 나누면서 서로의 정을 두텁게 하는 소중한 시간이 됩니다.

구독자분들은 영상 속 농장모습과 달리 훨씬 더 큰 실제 농장 규모에 깜짝 놀랐습니다. 총 26동의 비닐하우스가 있고, 노지가 추가로 6,000평 더 있어 마늘, 고구마, 수박, 감자, 고추 등의 농사를 지으니까요. 영상에서 본 것보다 훨씬 더 큰 규모라면서 놀란 표정을 지으셨죠.

팜파티를 통해 구독자분들과 친밀해진 후 댓글 창도 정화되었습니다. 팬심이 생겨나면서 댓글도 달라지는 것이죠. 부정적인 댓글에도 팬분들이 직접 방어해 주시고, 격려의 메시지를 보내주십니다. 이처럼 든든한 서포터즈가 생기니 제겐 큰 힘이 되지 않을 수 없습니다.

얼마 전 대파사건이 일어났을때 쪽파 영상을 올린 적이 있습니다. 쪽파를 저렴하게 판매한다는 영상이었는데, 어느 분이 "대파도 팔아요. 875원에!" 이런 댓글을 올리면서 안티 댓글이 많이 올라왔었습니다. 그런데 제가 방어를 하기도 전에 팬분들이 응원해 주시고 정리해 주시면서 제가 나서지 않아도 댓글 창이 정리가 되는 걸 보았습니다. 제겐 엄청난 응원군이 생긴 거죠.

물론 팜파티 같은 큰 행사를 여는 데에는 많은 비용이 듭니다. 하지만 그것은 중요하지 않습니다. 구독자분들이 열심히 영상을 시청해 주셨기에 지금의 제가 있기 때문입니다. 그분들께 베풀고 싶다는 마음으로 열었는데, 더 많은 응원군으로 제게 돌아오네요. 팜파티는 앞으로 1년에 한 번 정도 여는 행사로 계획하고 있습니다. 농부들의 농한기가 시작될 즈음에요.

팜파티를 하고 나면 팜파티를 연 유튜버라는 프로필이 생겨 기업들이 더 흔쾌히 협찬을 해주시는 것 같습니다. 또한 이로 인해 구독자 수도 자연스레 증가하게 됩니다. 먼저 베풀면 더 많은 것들이 더 크게 돌아온다는 걸 다시 한번 확인하게 됩니다.

많은 구독자분들이 농장을 방문하고 싶어 하시기에, 편하게 오시게 해서 잘 해드리고 싶다는 생각으로 열었던 팜파티였는데, 제겐 든든한 팬층을 만들어 준 더 큰 의미 있는 행사가 되었습니다.

팬심은 일방적으로 얻을 수 없습니다. 먼저 베풀고, 나누고, 소통해야한다는 것. 이것이 진심 어린 팬심을 이끌어 내는 비결입니다. 유쾌한 영상만으로는 부족합니다. 상대방에 대한 존중과 사랑이 바탕이 되어야하죠. 그래야 두둑한 팬심이 자라날 수 있습니다. 내가 마음을 쓰지 않는데, 구독자의 마음을 바라는 건 욕심쟁이가 아닐까요?

⑤

이제는 쇼핑이다!
파이가 더 커지는 유튜브 수익창출 노하우

▶

요즘은 대중의 관심을 받는 연예인들이 유튜브 시장에 대거 진입하면서 일반 유튜버 광고 수익이 많이 줄어들고 있습니다. 제 주변의 유튜버들도 조회수가 많이 줄었고, 그에 따른 광고수익도 줄었다고 합니다. 저 또한 그렇습니다. 그래서 제게도 새로운 수익 모델이 필요했는데, 유튜브 쇼핑이 그 대안이 되고 있습니다.

지금은 유튜브 조회수로 버는 광고료가 예전의 절반 수준으로 떨어졌습니다. 협찬과 유료 브랜디드 광고를 받고 있지만, 이제 제게 가장 큰 수익원은 유튜브 쇼핑이 되어가고 있습니다. 앞으로는 유튜브 쇼핑이 유튜브 광고 수익보다 파이가 더 커질 거라고 생각합니다.

우리나라 농부가 130만 명 정도 된다고 할 때, 나이 드신 분과 어린아이를 제외하고 나면 50만 명! 그걸 감안하면 제 구독자 수 60만 명은 이제 한계치에 이르렀다고 생각합니다. 지금부터는 농산물을 구매하는 소비자층을 구독자로 만드는 게 중요한 것 같습니다. 농부의 한 축을 구독자로 만들었다면, 또 다른 한 축인 소비자층을 구독자로 이끌어 보려고 합니다.

또한 이를 통해 판로가 어려운 농부에게는 유튜브 홍보를 통해 판매를 연결해 주고, 착하게 구매하고 싶은 소비자에게는 신선한 농산물을 더 저렴한 가격에 연결해 주는 상생의 일을 할 수 있습니다.

저는 올해부터 유튜브 쇼핑에 집중하고 있는데요. 카페24에서 제공하는 온라인 쇼핑몰 서비스를 이용해 농기구, 농자재, 농산물 등을 판매하고 있습니다. 장벽이 높지 않아 구독자 1,000명이면 누구나 시작할 수 있는 카페24 유튜브 쇼핑. 저는 이 유튜브 쇼핑이 유튜브의 강력한 차세대 수익원이라 생각해 상세하게 소개해 보려고 합니다.

쇼핑몰에 입점하려면 카페24에서 메일로 인증을 받아야 합니다. 처음에는 조금 복잡할 수 있지만, 한 번 인증 받으면 블로그에 글 올리듯 상품 사진과 설명을 올리면 됩니다. 판매할 상품은 공장이나 업체와 직접 소싱해야 하고, 내 상품이 있으면 같이 올려도 되지만 위탁 판매만으로도 가능합니다.

저는 현재 30개 정도의 상품을 올렸고, 점점 늘려갈 계획입니다. 100개, 200개가 되면 고객들에게 좋은 상품을 다양하게 제공할 수 있을 거라 기대합니다.

예를 들어 농기구가 필요한 철이 되면 영상 몇 편을 찍어 올리고, 영상 설명란에 쇼핑몰 링크를 걸 수 있습니다. 농산물도 제철에 맞춰 판매하면 효과적일 것 같습니다. 고추 수확 시기면 고춧가루를, 김장철이면 절임배추를 팔면 되겠죠. 상품 품절 시에는 품절 처리를 하면 되어서 어렵지 않습니다.

가장 좋은 점은 재고나 창고비용 자본금이 필요 없다는 것입니다. 배송도 업체에서 알아서 해주는 위탁 판매로 진행하니까요. 상품 주문이 들어오면 업체에 알려 배송을 맡기고, 업체와 협의한 유통판매 수익을 가져갈 수 있습니다. 카페24 수수료 3.5%를 제외한 나머지 금액을 업체와 나누게 되는 거죠.

유튜버라면 자기 채널과 관련된 상품들을 판매할 수 있습니다. 농산물, 주방용품, 생활용품 등 다양한 상품을 다양하게 팔 수 있습니다. 제 경우에는 농기구가 가장 많고 농산물, 농자재 순으로 판매율이 높습니다. 시중 가격보다 조금 낮춰 판매하면 농민과 소비자 모두가 혜택을 봅니다. 농부도 유통마진을 줄인 납품이 가능해 수익이 늘어나고, 소비자도 좀 더 착한 가격에 원하는 제품을 구입할 수 있습니다.

저는 농기구, 농자재를 가장 많이 팔고 있는데요. 합리적인 유통시장을 만들 수 있다는 점이 최고의 장점입니다.

카페24에 계정을 만든 다음 블로그처럼 쇼핑 카테고리를 만들어 올리면 되고, 주문이나 문의가 들어오면 직접 전화나 메일로 응대하면 됩니다. 기존 쇼핑몰과 똑같은 방식이라, 그다지 어렵지 않습니다. 저는 지금 가족기업으로 운영하고 있어서 딸과 아들이 그 일을 맡아서 하고 있습니다.

판매가 이루어지면 카페24에 일정 수수료를 내고 위탁업체에 줄 금액을 협의한 대로 산정해 입금해 주면 마무리가 됩니다.

창업비용은 따로 들지 않으며, 홍보는 내가 원하는 대로 유튜브 영상을 통해 할 수 있고, 그 영상에 링크를 걸 수 있어서 더없이 편리한 마케팅을 할 수 있습니다. 또한 요즘은 라이브를 통해 직접 팬들과 커뮤니티를 통해 판매를 직접 진행할 수 있어 적극적인 홍보도 가능합니다.

이제는 구독자 1,000명만 있어도 쇼핑 판매가 가능하기 때문에 대형 유튜버가 아닌 소형 유튜버도 시작할 수 있는 기회입니다. 하지 않을 이유가 없다고 생각합니다.

많은 연예인들이 유튜브 시장으로 진입하면서 이제 유튜브 조회수 광고 수익만으로는 버텨내기 힘든 시대가 왔습니다. 지금은 숏폼과 라이브, 유튜브 쇼핑에 집중해야 할 때라고 생각합니다.

유튜브 쇼핑은 현재 유튜브가 강하게 밀고 있는 정책이니만큼 시대에 맞고 흐름에 맞는 전략을 활용하는 것이 중요하다고 생각합니다.

또한 현재 유튜브는 쇼츠 라이브를 전략적으로 밀고 있습니다. 저 또한 농장 일을 하며 휴대폰으로 실시간 라이브 방송을 하기도 하는데요. 제 농사짓는 모습과 농산물을 판매하는 모습을 보여주는데, 요즘은 가로 영상 대신 유튜브가 밀어주는 세로 영상으로 라이브 커머스를 진행합니다.

이 세로 영상은 듀얼로 합동 방송이 가능해 다른 농부 유튜버들과도 협업할 수 있고, 라이브 방송을 통해 함께 상품을 홍보하며 구독자를 늘릴 수도 있어서, 다양하게 활용할 수 있는 수익화 방법입니다.

또한 이런 세로 영상 합동 방송 라이브는 공간의 제약도 없게 합니다. 예를 들어 제가 평택 농장에서 제주도의 귤 따는 농장과 연결하여 세로 영상 라이브로 합동 방송을 하면서 귤 판매 라이브를 하면 원격으로 현지의 모습을 그대로 볼 수 있게 됩니다. 그 결과 생동감 있는 라이브 영상연출이 가능하고, 실제로 산지의 농산물을 바로 라이브로 만날 수 있습니다.

제가 농장이 있는 제주도까지 비행기로 날아가지 않고도 구독자분들에게 제주의 귤을 직접 보여드리면서 산지와 이야기도 나눌 수 있게 되는 거죠. TV에서나 볼 수 있었던 원거리 원격 생방송을 직접 할 수 있는 유튜브 시스템이 되었습니다.

여기서 제가 할 일은 농산물이 정말 믿을 수 있는 건지만 검증하고, 그 다음부터는 굳이 현지에 가서 촬영하지 않아도 생방송으로 협업해서 방송할 수 있는 시대가 열린 것입니다.

유튜브도 로직이 계속 바뀌기 때문에 로직과 함께 따라가면서 전략적으로 활용해 나가는 것이 채널의 성장을 극대화하는 현명한 방법이라고 생각합니다.

유튜브 전문가들은 숏폼과 라이브 그리고 AI가 유튜브의 핵심이라고 말합니다. 그러니까 우리는 유튜브가 밀고 있는 숏폼과 라이브를 활용해야 하고, 그것이 정말 중요한 성장 방법이 될 거라고 생각합니다.

제 꿈은 언젠가 농장을 아들과 딸에게 물려주고, 외국을 다니며 세계 농산물을 소개하는 것입니다. 라이브 방송을 통해 현지 농장을 중계하고 관련 상품을 판매할 수 있게 되겠죠. 유튜브의 방향을 잘 활용하면 이런 나의 꿈도 이뤄질 것입니다.

필리핀, 말레이시아, 인도네시아 발리에 가서 그곳의 신선한 농작물을 소개할 수도 있고, 그곳에 가서도 짬짬이 한국의 농장과 연결해 세로 합동 방송 라이브로 한국의 상품을 판매할 수도 있게 되는 거죠.

1,000명의 구독자인 경우, 브랜디드 광고 수주는 거의 불가하고, 유튜브 광고 수익화는 더더욱 어렵지만 유튜브 쇼핑은 가능할 수 있다는 것이 커다란 장점입니다. 소형 유튜버가 도전해 볼 수 있는 전략적인 접근이 될 수 있다고 생각합니다. 유튜브가 밀어줄 때 집중하는 것이 현명한 방법입니다. 배 들어올 때 노를 저어야 합니다.

자, 여러분도 함께 유튜브 쇼핑에 과감하게 도전해 보시기 바랍니다. 새로운 수익 모델로 누구나 손쉽게 도전할 수 있고, 유튜브의 새로운 플랫폼 정책에도 부합하는 좋은 기회입니다. 합법적으로 나만의 수익화에 집중할 수 있을 것입니다.

⑥ 유튜버로서의 나의 꿈과 희망, 그리고 조언

제겐 앞으로 계획하고 있는 일들이 아주 많습니다. 여전히 바쁘고 벅찬 시간이 될 것 같은데요. 그 첫 번째로 꿈이 있는 농부, 빚쟁이가 아닌 부자가 되는 농부를 키워내는 귀농귀촌대학을 열고자 합니다. 이곳에서는 농사 기술뿐만 아니라 농업을 통해 경제적으로 자립할 수 있는 방법을 알려줄 것입니다. 귀농한 많은 분들이 어려움으로 빚더미에 앉는 것을 막고자 하는 것이 저의 바람입니다. 농산물 재배부터 판로 개척, 마케팅까지 종합적인 교육을 제공하여 진정한 의미의 성공 농부를 양성하고자 합니다.

그리고 카페24와 연계해 진행하고 있는 유튜브 쇼핑몰 〈솔바위농팜〉을 제대로 키워보고 싶습니다. 소비자와 생산자를 이어주는 직거래 장

터를 활성화해서 지금처럼 사과값이 만 원이 되는 농산물 유통 구조를 바꿔보고 싶습니다. 기존의 유통 시스템에서는 생산자와 소비자 간의 이익이 균형을 이루지 못한다는 문제점이 있습니다. 저는 온라인 쇼핑몰과 유튜브 채널을 활용하여 건강한 직거래 장터를 만들고, 이를 통해 농부들은 정당한 대가를 받을 수 있고, 소비자들은 보다 저렴하고 합리적인 가격으로 신선한 농산물을 구매할 수 있게 될 것입니다. 그것을 통해 건강한 상생의 생태계를 만들어 가는 것이 저의 목표입니다.

또한 믿고 사는 솔바위 브랜드를 입혀보고 싶습니다. 농기구, 농자재, 가공식품, 식자재 등 다양한 농업 관련 제품에 '솔바위' 브랜드를 입혀 누구나 믿을 수 있는 농업 관련 상품을 판매할 계획입니다. 저의 이름을 건 제품이라면 신뢰할 수 있는 품질을 보장할 것입니다. 유튜브 채널과 쇼핑몰을 통해 홍보하고 판매하여 '솔바위' 브랜드의 가치를 높여나갈 것입니다. 단순한 위탁 판매가 아닌, 자체 브랜드 네이밍을 통해 농업인들에게 실질적인 혜택이 돌아가길 바랍니다. 이미 솔바위 건조기는 만들어졌고, 추가적으로 늘려나가길 희망합니다.

이렇듯 저는 농업 교육, 유통 혁신, 믿고 사는 브랜드 네이밍을 통해 농업인과 소비자 모두가 행복할 수 있는 농업 생태계를 만들어 나가고자 합니다. 농업이 곧 희망이 되는 그날을 기대합니다.

유튜버로 성공을 꿈꾸는 분들께 건네는 4가지 조언

첫 번째로 제일 먼저 저는 진실성을 꼭 갖고 영상을 만들라고 조언하고 싶습니다. 자극적인 낚시질, 후킹하는 제목으로 구독자를 끌어모을 수는 있겠지만, 그 불꽃은 곧 사그라들 것입니다. 제목과 영상의 내용이 맞지 않는다면 시청자는 잠시 머물겠지만, 곧 등을 돌리게 될 것입니다. 호객행위 대신 진솔한 콘텐츠를 만드는 것이 당신의 채널을 롱런하게 하는 기본이라는 걸 잊지 마십시오. 당신의 지식과 경험과 열정을 담아 정직하고 진솔하게 제때에 전달하는 것! 그것이 바로 성공으로 가는 지름길입니다.

두 번째로, 브랜디드 광고와 협찬에 있어 신중할 것을 조언하고 싶습니다. 돈이 많이 오는 것만을 쫓지 말라고 당부하고 싶습니다. 당신과 시청자 모두에게 유익한 협업만을 선택하는 것이 당신의 채널을 살게 하는 유일한 방법입니다.

제가 농부 유튜버로서 저 스스로에게 다짐하는 한 가지는 "나는 국내 농산물만을 소개할 것이며, 수입 농산물은 결코 다루지 않을 것이다."입니다. 모두가 상생하는 길이 아니라면 단순히 돈을 보고 선택하지 않으려고 합니다. 농부인 저 자신에게도 해가 되는 일이기 때문입니다. 이를 통해 우리 농민들의 어려움을 조금이나마 덜어주고, 모두가 행복할 수 있는 브랜디드 영상이 되길 희망해서입니다.

세 번째로 조언하고 싶은 것은 혹시나 다른 일을 하면서 유튜브를 시작했다면 처음부터 유튜브에 올인하지 말라고 조언하고 싶습니다. 이제 막 시작하는 유튜버라면 현재의 일자리를 유지하면서 조금씩 영상을 올려 보고 채널 성장의 추이를 보면서 유튜브에 미래가 있다고 충분히 판단되면 그때 본격적으로 시작해도 늦지 않습니다.

그리고 마지막으로 유튜버로 성공하고 싶다면 최소 1주일에 두 번 이상 영상을 꾸준히 업로드하라고 강조하고 싶습니다. 많은 분들이 일주일에 영상을 한 개 이하로 올리면서 왜 이렇게 구독자가 늘지 않느냐고 말합니다. 생각해 보면 간간이 보는 사람의 이야기가 궁금할 리 만무합니다. 잊히기 전에 영상을 올려야 하고, 궁금증을 일으킬 수 있을 만큼의 최소한의 주기라는 게 있는데요. 일주일은 너무 깁니다. 시청자의 관심을 계속 불러일으킬 수 있는 그 최소한의 주기는 일주일 2회 이상이라고 생각합니다.

진실성, 가치 있는 협업, 찬찬한 몰입, 그리고 마지막으로 어쩌면 제일 중요한 꾸준함, 이 네 가지 원칙을 마음에 새기고 나아가면 언젠가 당신도 유튜브의 바다에서 빛나는 별이 될 것입니다. 끊임없이 노력하는 당신을 응원합니다.

유튜버 호박네하우스의 이야기

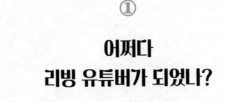

어쩌다
리빙 유튜버가 되었나?

30년 직장인 좌절에서 꿈을 찾다

안녕하세요? 저는 유튜버 7년 차인 리빙 유튜버 〈호박네하우스〉입니다. 저는 11년 전 우연히 아파트 텃밭 일상을 기록하기 위해 네이버 블로그를 시작했고, 지금은 블로그와 유튜브 두 개 채널을 활발하게 운영하고 있는 리빙 크리에이터입니다. 지금 생각해 보면 어쩌면 그것은 우연으로 시작해 필연으로 가는 수순이 아니었나 싶습니다.

제가 블로그를 시작한 것은 2014년 여름인데요. 해마다 작은 화분에 상추와 고추를 직접 키우며 수확하는 동네 슈퍼 아주머니를 따라 고추 모종을 베란다 화분에 심었던 적이 있었습니다. 그런데 시아버님이 그

걸 보시곤 이래서는 고추가 자라지 않는다며 식물은 땅 기운을 받아야 한다고 하셔서 1층 아파트 화단에 심었더랬죠.

그렇게 시작된 아파트 1층 화단 텃밭 이야기는 혼자서 알기 아까워 기록으로 남겨야겠다는 생각을 했고, 어떻게 남길까를 고민하다 블로그를 시작하게 되었습니다. 이것이 저의 첫 번째 크리에이터 채널, 블로그 "한뼘 텃밭 이야기"입니다.

당시 제 블로그는 텃밭과 집꾸미기가 주요 콘텐츠였어요. 작은 아파트 화단에 상추, 토마토를 키우고 호박도 심었는데요. 제 유튜브 채널 이름 〈호박네하우스〉는 당시 호박을 키우며 집꾸미기를 했던 저의 일상을 녹여 만든 이름입니다.

그렇게 소소한 일상을 만들어 가던 어느날, 20년 넘은 구축아파트의 방문이 유난히 누렇게 보였습니다. 한 번도 더럽다고 생각하지 않았었는데, 한번 눈에 띄니 어찌나 꼴불견이던지, 방문 교체를 위해 인테리어 업체를 찾았습니다. 그런데 방문은 보통 교체하지 않고 리폼을 하게 되는데, 총 리폼 가격이 합산하여 300만 원이 넘었습니다.

교체도 아닌 리폼인데 300만 원이라고 해서 셀프로 직접 해봐야겠다는 결심을 하고 알아보던 차에 방문 페인팅이 가능하다는 걸 알게 되었고, 때마침 회사 옆 삼화페인트 홈앤톤즈에서 여는 방문 페인트 원데이 클래스에 참여하게 되었습니다. 그렇게 시작된 집꾸미기 셀프페인팅은 그 후로도 꾸준하게 이어져 같은 해 삼화페인트 홈앤톤즈 블로그 리빙 작가 11기가 되었습니다.

그런데 저의 유튜버 운명은 바로 이곳 홈앤톤즈에서 시작합니다. 당시 유튜브는 이제 막 성장하는 시기였는데요. 홈앤톤즈에서 매달 열리는 인테리어 클래스에서 또 하나의 스페셜한 교육으로 페인팅 작업에 대한 유튜브 영상제작 방법을 배우게 된 것입니다.

당시 홈앤톤즈에서 YTN 영상제작 PD의 영상제작 교육과 유튜브 채널개설 교육을 함께 받게 되었고, 그 미션의 하나로 지금의 유튜브 채널을 개설하여 첫 번째 유튜브 영상을 올리게 됩니다.

그 이후로도 리빙 작가 영상 미션으로 유튜브 채널에 영상을 올리게 되었는데, 당시 조회수는 두 자리 숫자를 넘어가지 않는 미미한 숫자였습니다. 그러던 중 20년 된 구축 아파트의 방문에 페인트칠을 하기 위해 오래된 방문을 떼어내려고 했지만, 못이 너무 안 빠지는 겁니다. 유튜브와 블로그를 검색하고 온갖 방법을 써도 나사가 빠지지 않아 며칠 동안 고생을 했고, 그렇게 문을 반쯤 걸어둔 채 수단과 방법을 가리지 않고 시도한 끝에 우연히 발견한 저만의 방법으로 직접 못을 뺄 수 있었는데요.

순간, 이 방법은 아무리 찾아도 나오지 않는 것이니, 저처럼 궁금해 하는 분들께 알려야겠다는 생각으로 영상을 남기기로 했습니다. 저처럼 오래된 못, 헛도는 나사를 빼지 못해 난감해하는 사람들에게 좋은 팁이 될 것 같았습니다. 이것이 제가 페인팅 미션이 아닌, 능동적으로 컨셉을 잡고 촬영한 저의 첫 번째 유튜브 영상이 됩니다.

그런데 이 영상이 평소 두 자릿수에 머물던 조회수에서 갑자기 10만 조회수를 넘기는 떡상을 이루게 되었고, 구독자도 300명이 늘고 수십 개의 댓글이 달리기 시작했어요. 노력이 가상하다는 댓글부터 문이 부서지겠다는 안티 댓글까지 호불호 가득한 댓글이 쏟아지기 시작하면서 관심 종자의 욕망을 충족시킨 저의 첫 번째 떡상 영상이 되었습니다.

그중 반응이 좋았던 영상 하나는 "깔끔하게 페인트칠하는 7가지 방법"이라는 영상인데요. 누구나 손쉽게 전문가처럼 깔끔하게 페인트칠하는 나만의 노하우 영상으로 반응이 좋아 지금도 페인팅 부문 조회수 1위 14만 조회수 영상으로 남아 있습니다.

그때까지만 해도 헤드헌터라는 직업으로 어느 정도 안정적인 수입을 올리고 있던 터라 유튜브에 전적으로 집중을 하지는 못했는데요. 그러다 궁극적으로 제가 유튜버를 선택하게 된 것은 예상치 못한 좌절을 했을 때입니다.

당시 저는 헤드헌터로 임원 포지션을 진행하고 있었고, 제가 추천한 후보자가 최종 승인을 기다리고 있었습니다. 임원 포지션이고 연봉이 큰 건이어서 몇천만 원의 수수료를 받을 예정이었는데, 진행하던 기업

비법 *2*
적은 양으로도
흐르지 않게
잘 발리는
페인트 패드와
패드 브러쉬

에서 내부사정으로 갑자기 충원 자체가 없던 일이 되고 말았습니다. 일순간 공들였던 수익과 시간이 모두 한꺼번에 날아가게 된 거죠.

4~5개월 동안 공들였던 일이었고, 문제가 생길 수 있다는 생각을 단 1도 하지 못한 터라 제겐 충격이 컸고 경제적 타격도 심했습니다. 나의 잘못이 아니라 외부의 상황으로 인해 공들였던 모든 것을 허공에 날리게 된 셈이죠. 멘붕이 왔습니다. 더구나 이번 건은 금액이 큰 건이어서 경제적으로 또 심리적으로 충격이 컸습니다.

집으로 돌아오는 길에 문득 제 안에서 불끈 솟아 나오는 내면의 소리가 있었습니다.

"이제는 더 이상 외부의 환경에 의해 좌지우지되는 서비스업을 그만두자! 내가 열심히 하면 성과를 낼 수 있는 일을 하자! 내가 누군가를 위해 일하면서 돈을 버는 것이 아니라 나의 가치로 나를 찾는, 그래서 그것으로 수익을 창출하는 크리에이터가 되자!"

안정적인 수익을 가져다주었던 첫 번째 직업 외국계 15년, 집중하면 높은 수익이 따라오던 두 번째 직업 헤드헌터 15년, 그렇게 30년이란 시간 동안 제가 했던 일은 회사를 빛나게 하거나 사람을 빛나게 하는 일이었습니다. 그리고 그것은 나의 실력이 아닌, 외부의 상황으로 어그러지는 일이 많았습니다. 하지만 이제는 내가 노력하면 그 가치를 인정받을 수 있는 자신의 가치를 스스로 빛나게 하는 직업을 선택하고 싶었습니다.

코로나 팬데믹이 이어지면서 경제는 더욱 어려워졌고, 인력 충원일을 하는 헤드헌터 업계는 더 어려운 상황에 처하게 되면서, 그렇게 저는 두 번째 직업인 헤드헌터를 마무리했습니다. 그리고 그동안 짬짬이 해 오던 리빙 크리에이터를 본업으로 선택하게 되었습니다.

고등학교 시절 한 때 인테리어 분야에서 일하고 싶어 건축공학과를 꿈꿨습니다. 잊고 있던 그 꿈을 이제 다시 일상에서 도전하며 영상으로 직접 담아가고 있습니다. 집순이의 집꾸미기 일상이 이제는 그대로 나의 콘텐츠가 됩니다. 이제 제 직업은 남을 빛나게 하는 것이 아닌, 스스로 빛나는 유튜버 크리에이터입니다.

①
오래 살아남는
나만의 프로필

▶

경쟁력 살리는 인플루언서 스펙 쌓기

　유튜버라는 직업은 저의 3번째 직업이자 스스로 선택한 마지막 직업입니다. 그러길 바라고 그렇게 하고 싶습니다. 스스로 선택한 마지막 직장에서 끝까지 살아남으려면 나만의 스펙과 프로필을 차별화되게 만들어 갈 때, 그것이 이 시장에서 오래 살아남을 수 있는 무기가 될 수 있다고 생각합니다.

　물론 유튜브 시장에서는 유튜브 영상 조회수와 구독자 수가 그것을 대변해 주는 가장 강력한 프로필이 되지만, 저처럼 아직은 구독자 수와 조회수로 강력하게 어필하기 어렵다면, 나의 자질과 강점을 어필할 수 있는 스펙을 갖추는 것은 반드시 필요하다고 생각합니다. 이것은 제가 15년 동안 헤드헌터를 하면서 수많은 직장인에게 강조했던 것이기도 한데요.

그래서 저는 제가 쌓아갈 수 있는 스펙을 최대한 의미 있게 만들어 가려고 합니다. 이렇게 차곡차곡 쌓은 스펙은 향후 상위 대형 유튜버들과의 광고 수주에 대한 경쟁에서 도태되지 않고 조금 더 어필할 수 있는 나만의 강점이 될 수 있다고 믿습니다. 최소한 광탈하지 않는 차별성이 될 것입니다.

IT 강국 대한민국에서 누구나 쉽게 접할 수 있는 유튜브는 언제든 나를 쉽게 찾고 노출할 수 있는 기회가 되는데요. 그래서 유튜브 활동은 IT 강국 미디어 시장에서 나를 알리는 아주 좋은 홍보 수단이 되기도 합니다.

직접 자신의 경험담을 보여주고 노하우를 전달하는 유튜버가 되면서 만나게 된 특별한 기회 중 하나는 EBS 70분 생방송 〈일단 해봐요 생방송 오후 1시〉 셀프인테리어 전문가 70분 라이브 생방송 출연이었습니다. 2021년 11월, EBS 작가님으로부터 셀프 페인트 시연을 할 전문가를 찾는다며 전화가 왔습니다. '쟁쟁한 사람들이 많이 있을 것 같은데 왜 내게 전화했지?'라고 잠시 의아해했지만, 나처럼 오래 집꾸미기 페인트를 한 사람도 그리 많지 않겠다 싶었습니다.

처음엔 라이브 생방송이라 거절을 할까 고민도 했지만, 마음을 바꿔 "스펙을 쌓을 수 있는 좋은 기회이고 충분히 자격이 있다."라고 마음을 다잡았습니다. "집꾸미기 셀프인테리어를 하면서 나처럼 48평 아파트 전체를 페인트칠한 사람은 나밖에 없을 거야."라고 말이죠.

당시 네이버 블로거 활동을 통해 JTBC, KBS 등 녹화 방송에 몇 차례 출연해 본 경험은 있었지만, 이렇게 70분 생방송에 온전히 라이브로 또 전문가로 출연하는 것은 처음이라 과연 잘 해낼 수 있을지 두렵기도 했습니다. 그런데 문득 이러한 경험은 제게 리빙 유튜버로서 아주 중요한 스펙이 되겠다는 생각이 들었습니다.

특히 잘 알려진 메이저 공중파에 노출이 된다는 것은 나를 홍보하고 알릴 수 있는 가장 빠른 기회인데요. 당시 EBS 작가는 제가 열심히 올렸던 셀프 페인트 유튜브 영상을 보고 연락한 것이라고 했습니다. 마침 제가 많이 영상으로 올렸던 방문페인팅 시연을 할 수 있는 분을 찾고 있었고, 그에 대한 유튜브 영상을 보다가 저를 알게 되었다고 했습니다.

EBS 〈일단 해봐요 생방송 오후 1시〉 125화

벽부터 낡은 가구까지! 쉽고 간단한 페인트 인테리어

https://www.youtube.com/watch?v=K-DXMCTcBwQ

70분 생방송으로 진행되기 때문에 사전준비로 진행될 질문과 답을 숙지했고, 페인트 시연을 위해 사전 리허설도 진행했습니다. 방송에서 제가 멘트할 부분에 대한 해당 자막 프롬프트도 준비되어 있었지만, 첫 라이브 방송이라 그런지 띄워진 프롬프트가 하나도 보이지 않았습니다. 그래서 대본대로가 아닌, 진짜 라이브로 페인팅 시연을 했는데, 당시 MC분들이 중간중간 치고 들어와 흐름을 잡아주지 않았더라면 몇 번은 큰일날 뻔했던 것 같습니다. 다행히 오랜 셀프 페인팅 경험과 노하우로 위기의 순간에 알고 있는 정보를 적절히 대답하고 상황에 대처해 화면

에서는 아주 평화롭게 진행이 잘 되었다고 해서 얼마나 다행인지 모릅니다.

프롬프트를 전혀 보지 못한 채 방송을 하게 되면서 흐름을 놓치게 될까 봐 속으로는 엄청 떨었고, 숨이 멎을 것처럼 호흡이 가빠지는 상황까지 가서 생방송 70분은 제겐 정말 아찔한 기억이기도 합니다.

EBS 70분 생방송 출연 경험은 저에게 향후 라이브 커머스에 대한 감을 익히게 해주었고, 또한 리빙 관련 브랜디드 광고를 수주할 때 EBS 생방송 셀프인테리어 전문가로 출연했던 프로필을 어필할 수 있어서 저에게는 아주 강력한 스펙으로 남았습니다. 이 영상은 유튜브로 그대로 살아남아 누구나 손쉽게 찾아볼 수 있는 저의 강력한 프로필이 되었습니다.

인생을 살다 보면 가끔 이렇게 불현듯 찾아오는 기회들과 조우하게 됩니다. 이럴 때 뒷걸음치지 말고 충실히 준비해서 내 것으로 만드는 용기, 그것은 유튜브 크리에이터가 꼭 가져야 할 자질 중 하나가 아닌가 싶습니다.

꾸준하게 셀프인테리어 노하우를 올리면서 인테리어 강의 제안도 많이 받았는데요. 그중에서 대중성이 있는 곳을 신중하게 검토해 온라인 인테리어 클래스 강의도 개설하게 되었습니다. 주방 싱크대 전체를 셀프로 했던 필름지 리폼과 페인팅 리폼을 기본으로 셀프인테리어 클래스 강의 구성을 했습니다.

강의개설이 저에겐 수익화 측면에서 의미 있는 성과를 내지는 못했지만, 집중한 시간 동안 내가 가진 노하우를 체계적으로 다시 한번 정리하고 콘텐츠화할 수 있는 기회를 만들어 준 것 같습니다.

3편의 클래스101 강의 오픈
1.1/10 비용으로 업사이클링 집꾸미기 셀프인테리어 리폼 입문 클래스(2022년)
2&3. 15년 차 외국계 전문 헤드헌터가 말하는 〈외국계 취업 바이블〉 서류 편 & 면접 편(2023년)

첫 번째 강의는 제가 유튜브에 올렸던 셀프인테리어 팁을 모아 콘텐츠별로 정리한 집꾸미기 셀프리폼 클래스입니다. 그리고 두 번째와 세 번째 강의는 제가 헤드헌터로 15년간 재직하면서 경험했던 취업컨설팅 내용을 요약해 취준생들에게 전하는 취업바이블 서류 편과 면접 편입니다.

클래스를 개설하면서 어떻게 온라인 강의 콘텐츠를 기획하고 만드는지에 대한 전체과정을 직접 체험할 수 있었고, 제가 갖고 있는 지식과 노하우를 체계적으로 정리할 수 있는 시간이 되기도 했습니다. 무엇보다 우리나라 최고의 러닝 플랫폼에서 3개의 강의를 운영하고 있다는 프로 필 스펙이 생겼다는 게 저에겐 가장 큰 의미인 것 같습니다.

4편의 유튜브 오쇼완 쇼핑 라이브 커머스

유튜브도 쇼핑의 시대가 되었습니다. 저는 프로필 쌓기의 일환으로 SBA 서울경제진흥원에서 진행하는 4개월간의 인플루언서 쇼호스트 교육을 수료하고 쇼플루언서 자격을 취득했는데요. 후속 프로젝트로 카페 24와 함께 공동으로 진행하는 유튜브 라이브 커머스 〈오쇼완〉 라이브 프로젝트에 참여하게 되었습니다.

제 채널에서 이미 유튜브 공구 라이브 커머스를 진행하고 있었기 때문에 굳이 참여를 해야 하나 잠시 고민을 하기도 했지만, 공식적인 유튜브 라이브 커머스 채널에서 다양한 상품과 고객사를 직접 만나고, 기획부터 원고 작성 라이브 방송과 송출까지 진행하는 쇼호스트이자 PD 역할을 한꺼번에 하는 것이어서 제게는 유익한 시간이 될 것 같았죠.

오쇼완 라이브 커머스 작업은 다양한 기업의 니즈를 어떤 화면구성과 소구점으로 어떻게 영상으로 녹여내고 상품을 어필해야 하는지를 직접 만들어 가는 작업입니다. 직접 기업의 대표를 만나고, 상품에 대한 1시간 라이브 커머스 방송을 기획부터 원고작업 화면구성과 소품준비부터 연출 그리고 송출까지 모두 직접 진행하는 작업이기에, 또 하나의 라이브 커머스 경험치를 더할 수 있었습니다.

라이브 커머스를 진행할 때 무엇에 집중해야 하고 어떻게 소통해야 하

느는지, 제품은 어떻게 배치해야 잘 보이고, 시선 처리는 어떻게 해야 하는지, 제품에 대한 소구 포인트를 어떻게 잡아야 효율적인지에 대한 노하우를 알아가는 시간이었습니다. 기본적인 마이크 사용법과 조명 세팅도 아주 중요하다는 걸 더욱 뼈저리게 느끼는 시간이었습니다.

이제 유튜브는 직접적인 노출광고로 적극적으로 홍보할 수 있고, 수익화를 만들어 가는 시스템으로 바뀌어 가고 있습니다. 배운것들을 직접 실현해 보는 유튜브 라이브 커머스 경험은 유튜브 수익화를 효율적으로 만들어 가는 강력한 무기가 될 것으로 기대합니다.

③
2년의 멈춰 버린 시간,
다시 시작할 수 있었던 힘은 교육과 크루였다

2018년에 시작한 〈호박네하우스〉 채널은 2019년 중반부터 2021년 상반기 사이에 빠르게 성장을 합니다. 구독자 수와 조회수도 점점 늘어가는 시기였습니다. 그런데 2021년 6월부터 2022년 2월, 12년이란 세월을 함께한 반려견의 항암치료와 이별, 연이어 2022년 6월부터 2023년 5월, 20년 넘게 모시던 시아버님의 항암치료와 죽음을 겪게 되면서 저는 사실상 유튜브에 집중하지 못하는 공백기를 갖게 됩니다.

저는 12살 된 반려견의 항암 방사선치료를 위해 분당과 양산을 오가며 3달간의 외지생활을 강행했습니다. 수개월의 집중 치료로 종양 사이즈가 반으로 줄었다는 기쁨도 잠시, 계속되는 항암치료로 인한 신장악화로 반려견을 떠나보내게 됩니다. 항암치료를 시작한 지 8개월 만의 이

별이었습니다.

처음 항암치료를 시작할 때는 유튜브를 통해 반려견이 암을 이겨내는 모습을 보여주고 싶었습니다. 그런데 첫 항암치료부터 극심한 후유증으로 위급한 상황이 생겼고, 조금 나아질 무렵에는 치료를 위해 가족과 떨어져 양산 병원에 머물러야 하는 아롱이의 모습을 보며 마음이 아파 차마 영상편집을 할 수 없었습니다.

그 이후로도 '조금 나아지면 꼭 영상을 올려야지.' 하면서 반려견의 모습을 담았지만, 편집할 마음의 여유가 생기지 않았습니다. 그래서 모든 걸 포기하고 오로지 치료에만 집중하기로 하면서 유튜브를 거의 중단했던 것 같습니다.

12년 동안 딸처럼 키운 반려견을 보내고 슬픔이 채 가시기도 전에 20년을 모시던 시아버님의 암 선고와 항암치료는 저를 유튜브로부터 더 멀어지게 한 사건입니다. 병원을 모시고 다녀야 했고, 치료와 간병을 해야 했던 시간이었는데요. 팔순에 가까운 노환이신데다 치료에 집중해야 했던 시간이라, 유튜브 영상을 올릴 수 있는 마음의 여유를 찾기 어려웠던 것 같습니다. 그렇게 2년 사이에 반려견도 떠나보내고, 아버님도 먼 여행을 떠나시면서 인생의 가장 힘든 시기를 보냈던 것 같습니다.

유튜브를 거의 놓다시피 했던 그때, 무엇부터 어떻게 해야 할지 몰라 힘들었던 그 시절, 제가 집중한 것은 교육과 크루였습니다. 2023년은 제게 또 다른 경험과 프로필을 쌓게 한 시간이었습니다.

새로운 시작, 2023년 MY HISTORY

2023년 3월~현재 LG전자 L.UP 멤버

2023년 4월~현재 서울경제진흥원 크리에이티브포스

2023년 5월~12월 KCC 프로슈머 1기

2023년 5월~8월 서울경제진흥원 쇼플루언서 1기과정 수료

2023년 8월~9월 대한인플루언서협회 인컴 11기 수료

2023년 9월~10월 K콘텐츠 틱톡 크리에이터 양성 프로젝트

2023년 10월 서울경제진흥원 쇼플루언서 자격 획득

2024년 3월~6월 SBAx유튜브쇼핑 기업네트워킹 오쇼완 라이브

　지난 5년간은 집에서 혼자 유튜브를 했던 시간이라면, 새로 시작하는 2023년은 미치도록 교육과 활동에 집중했던 시간입니다. 지금은 같을 길을 가는 크루와 함께 교류하면서 트렌드를 배우고 익히며 유튜브 콘텐츠를 만들어 가고 있습니다. 혼자 집에서만 있었다면 다시 시동을 걸지 못했을 텐데, 함께 해서 가능했던 다시 시작하는 한 해가 되었습니다.

　그동안 유튜브를 운영하면서 브랜디드 광고를 큰 금액으로 꾸준하게 진행해 보지 못했는데, 서울경제진흥원 크리에이티브포스가 되면서 처음으로 100만 원이라는 금액으로 브랜디드 광고영상을 제작하게 되었습니다. 그리고 크리에이티브포스 모임을 통해 브랜디드 광고에서 중요한 것은 무엇이고, 어떻게 어필해야 하는지도 조금씩 알아가게 됩니다. 그 속에서 30만, 100만, 300만 구독자를 가진 유튜버를 만나고, 그들의 노하우를 접하게 되면서 내가 놓치고 있는 것이 무엇인지 또 내가 집중해야 할 것이 무엇인지를 알아갔습니다.

　그리고 2022년부터 시작되어 지금까지 함께하고 있는, 지금도 함께 이 책을 쓰고 있는 유라이프 유튜버 모임을 통해 유튜버 성장의 노하우

도 배우고 어려움도 공유하면서 그들의 모습을 통해 자극과 용기를 함께 얻고 있습니다.

2023년 5월부터 8월까지 4개월의 시간 동안 쇼호스트와 인플루언서의 장점을 살린 쇼플루언서 과정을 공부하면서 핫하게 떠오르는 라이브 커머스의 기본과 노하우도 익히고, 쇼호스트로 방송제작 경험도 쌓아가고 있습니다. 또한 그동안 소홀히 했던 인스타그램과 틱톡 교육을 받으며 제가 운영하고 있는 인스타그램과 틱톡 채널의 성장 가능성도 알아가고 있습니다.

2년 사이에 가족들을 떠나보내면서 멈춰있던 나에게 크리에이터의 시

간들을 다시 시작할 수 있게 한 것은 바로 이런 교육과 크루의 힘인 것 같습니다.

2023년 LG전자 가전의 장점과 불편한 점, 개선할 점을 함께 토론하고 기획하는 L.UP 멤버가 된 것도 저에겐 아주 중요한 기회였다고 생각합니다. 평소 리빙 콘텐츠에서 자주 다루는 가전의 트렌드를 접하고 개선점을 찾고 함께 기획하면서 가전에 대한 지식을 쌓아가고 있습니다. 이러한 지식은 나의 리빙 콘텐츠의 중요한 자산이 될 것입니다.

제가 L.UP 멤버가 된 이유 중의 하나가 아마도 LG전자 냉장고 내돈내산 후기를 올린 유튜브 영상 때문이 아닐까 싶습니다. 유튜브 영상으로 쓰고 있는 애정 가전과 더 가까워질 기회를 얻게 되었고, 이것을 통해 〈호박네하우스〉 영상 콘텐츠의 깊이도 더해질 것입니다.

그리고 집 꾸미기를 하며 자주 마주한 인테리어 기업 KCC 프로슈머로 활동하면서 부족했던 인테리어 전문지식을 넓힐 수 있었습니다. 올바른 자재 선택 방법과 사용법, 페인트, 창호 잘 고르는 방법 등을 배우는 시간도 가졌습니다. 트렌드에 민감한 리빙 유튜버로서 끊임없는 배움의 시간은 정말 중요한 자산이 됩니다. 크리에이터는 끊임없이 배워야 하고, 그것을 현장에서 수없이 적용해 내 것으로 만들어야 하는 것 같습니다.

크리에이터의 길이 혼자 가면 너무 멀고 힘든 길이지만, 함께 가면 나 자신의 위치도 확인할 수 있고, 어려움도 나눌 수 있고, 서로 배울 수 있고, 협업할 수 있어서 좋습니다. 앞서가는 사람들을 보면서 자극을 받을 수 있는 것만으로도 움추린 나를 움직이게 하는 원동력이 됩니다.

여러분들이 크리에이터를 선택한다면, 또는 이미 선택했다면 이 세 가지는 정말 꼭 추천하고 싶습니다. 함께 가는 크루를 가질 것! 협업도 해 볼 것! 그리고 주기적으로 자기 분야에 대한 지식을 습득하며 트렌드를 알아가고, 그것을 현장에서 반드시 적용해 볼 것! 이 세 가지는 유튜버가 성장하는 아주 중요한 항목입니다.

④

원소스 멀티 유즈,
블로그 유튜브 투 채널 운영의 강점

저는 전체 블로그 순위 3% 이내의 12,000명 이웃을 가진 네이버 블로그 인플루언서입니다. 그리고 수익을 창출하고 있는 16,700 구독자를 가진 유튜버이기도 합니다. 예전에는 각각의 영역에서 한 가지만을 고수하는 분들이 많았는데 요즘은 저처럼 투 채널을 갖고 가는 분들도 많이 만나게 됩니다.

물론 각각의 영역에서 상위 레벨의 수익화를 만들고 있다면 당연히 한 곳에만 집중하는 것도 저는 맞다고 생각합니다. 그런데 저처럼 각각의 영역에서 최상위가 아니라면 함께 가는 것도 N잡러 시대에 슬기로운 방법이라고 생각합니다. 사실 저 또한 한 가지 채널에 집중하는 것이 맞나 고민을 많이 했었는데, 2~3년 충분히 경험하고 고민한 끝에 내린 제 결정은 이렇습니다.

"일정한 수익을 창출하는 성장 가능성 있는 채널이라면 함께 운영하는 것이 현명하다."

제 경우 블로그와 유튜브 채널 모두 최상위의 수익화를 만드는 채널은 아닌데요. 저는 그래서 오히려 이 점을 저만의 장점으로 활용하기로 했습니다.

1) 다채널 홍보 효과는 두 배? 따라오는 기본 조회수

네이버 블로그와 유튜브 모두 상위에 검색되면 조회수가 폭증하고 로직을 타게 되는데요. 그러한 특성을 잘 활용한다면 네이버 블로그에 유튜브 영상 링크를 걸고 유튜브 영상에 블로그 글 링크를 걸어 홍보 시 듀얼 효과를 만들 수 있습니다.

결국은 유효한 조회수를 얼마나 가졌느냐가 중요한데요. 다채널을 활용할 경우, 링크를 통한 유의미한 조회수 증가를 가져올 수 있어서 효율적인 운영이 가능합니다. 또한 이커머스 시대에 공동구매를 진행할 때, 다채널에 동시에 오픈될 경우 유입 조회수를 늘릴 수 있는 장점을 가질 수 있습니다.

그래서 저는 유튜브 광고 수주를 한 경우에도 관련 포스팅을 블로그에 함께 올리고, 블로그 포스팅에 연관된 유튜브 영상 링크를 걸어줍니다. 해당 키워드가 네이버 인플루언서 키워드 챌린지를 통해 상위에 노출되면 그에 따른 조회수도 증가하게 되고, 링크가 걸려 있는 유튜브 조회수도 더 높아지게 됩니다. 이러한 효과를 광고주들에게 어필할 수 있어서 브랜디드 광고 진행 시 그에 따른 광고 제작비를 조정하고 협의하는데 우위를 갖게 됩니다.

일례로 블로그 광고 진행 요청이 온 갱년기 영양제 R제품의 경우, 유튜브 영상으로 홍보효과를 높일 수 있어서 유튜브 영상도 함께 진행하면 어떨지 추가 문의를 하게 되고, 그렇게 1차 블로그, 2차 블로그+유튜브, 그리고 3차 블로그+유튜브 광고진행으로 이어지게 되었습니다.

대부분 블로그 협업을 요청하는 업체의 경우, 대기업보다는 중소기업인 경우가 많아서 광고료가 비싼 영향력있는 유튜버에게 광고를 주기 어려운데요. 그래서 저처럼 관련 카테고리 콘텐츠를 가진 소형 유튜버가 대형 유튜버보다는 협의 가능한 광고료로 협상이 가능하기 때문에 더 유리하기도 합니다. 바로 레드오션 속 블루오션이 되는 것이죠.

또한 유튜브 광고 요청이 온 기업과 협의할 때도 블로그 포스팅을 듀얼로 진행할 수 있고, 네이버 메인 노출도 가능하다는 점을 어필할 수 있기에 협의의 우위를 가질 수 있습니다.

2) 소형 유튜버에게 안전한 공동구매는 바로 이것!

블로그와 유튜브 채널을 운영하다 보면 공동구매 요청이 오는 경우가 많습니다. 그런데 저처럼 팬층이 두텁지 않고 구독자가 많지 않은 소형 유튜버는 신중하게 제품을 선정하는 게 좋습니다.

　소형 유튜버인 제가 진행했던 공구 중에 잘 되었던 것은 계절상품입니다. 해당 계절보다 살짝 앞서 진행하는 계절상품은 다른 제품에 비해 공구 수익이 훨씬 높은 편입니다. 가성비 있는 상품을 잘 선정해서 계절이 오기 직전에 진행하면 수익이 높습니다. 트렌드를 앞서가기 때문이죠.

　2023년 7월, 중소기업의 제습기 공구를 진행한 적이 있습니다. 블로그로 요청이 온 건이었는데, 당시 서울경제진흥원의 3개월 프로젝트인 쇼플루언서 교육을 받고 있던 터라, 배운 기술과 노하우를 접목시켜 쇼호스트처럼 공구 영상을 제작해 진행했던 적이 있습니다. 이것은 제가 처음으로 유튜브 채널에 올린 첫 공구영상이었는데요.

　사실 제 채널에서 과연 몇 개나 팔릴까 궁금했는데, 열심히 영상을 제작한 덕분인지 5만 원대의 제습기 26개가 판매되었습니다. 당시 팬층이 두껍지 않은 제 채널의 특성을 감안하면 26개 판매량은 예상보다는 꽤 많이 팔았던 숫자입니다.

또 한 가지는 계절의 특성을 반영한 트렌디한 상품입니다. 2024년 7월 진행했던 3중 차단밀폐용기 로이첸 아이바쿰은 3주간의 공동구매 기간을 통해 400만원 이상의 매출을 올렸고 그에 준하는 수익도 만들어 냈습니다.

자체적으로 3중 공기차단이 가능하면서 동시에 실링기로 공기를 진공 상태로 만들어 한여름 식재료를 5배 신선하게 보관할 수 있다는 장점이 영상에 잘 담겨 그에 따른 수익화를 만들어 낼 수 있었습니다. 특히 "농장에서 방금 딴 줄" 쇼츠영상은 감각적인 콘티로 인해 조회수가 폭증해 구매를 이끌어 내면서 동시에 구독자도 늘려주는 영상이 되었습니다.

여기서 꾸준하게 구독자와의 신뢰, 친밀도를 높인다면 공구의 수익화는 자연스럽게 높아질 것이라 생각합니다.

또 한 가지 사례는 쿠팡 파트너스를 통한 수익창출이었습니다. 2023년 겨울 직전 진행한 방풍비닐건입니다. 이 건 또한 블로그 협찬을 통해 받은 상품을 영상으로 제작한 케이스인데요. 영상제작을 의뢰받은 건이 아니라 가볍게 과정만 담아보자 해서 만든 영상으로, 직접 설치해 보니 통상적으로 쓰는 뽁뽁이보다 훨씬 더 따뜻했습니다. 그래서 과정을 제작하면서 심플한 후기로 가볍게 후기영상을 남겨 보았습니다.

그리고 가볍게 쿠팡 파트너스 링크를 걸어보았죠. 그때는 크게 기대하지 않았고 정말 가벼운 마음으로 걸었습니다. 그런데 당시 구매건수가 매월 200건이 넘어 매출이 12월 340만 원, 1월 360만 원이 일어났고, 네이버 인플루언서로 파트너스 수익률이 높아 5%에 해당되는 35만 원을 받게 되었습니다. 만일 쿠팡 파트너스가 아니라 실제 7~30% 상당 마진이 남는 공동구매였다면 훨씬 더 높은 수익을 기대할 수 있는 거였는데요. 향후 공동구매는 어떠한 방향으로 어떤 상품에 집중해야 하는지 가늠할 수 있었던 좋은 경험이었습니다.

3) 블로그 수익 안정화로 유튜브 채널의 일관성 유지

유튜브 채널 하나만 운영하게 되면 어느 정도 고정수익이 나기 전까지는 수익에 대한 불안감 때문에 수익화에 집중하게 되고, 결국 그러다 보면 제 채널과 관련성이 높은 콘텐츠보다는 돈이 되는 콘텐츠에 집중할 수밖에 없게 됩니다.

그런데 제 경우는 기본적인 블로그의 수익화가 어느 정도 일정하다 보니 제게 맞지 않는 콘텐츠라면 수익이 되더라도 과감하게 거절할 수 있는 마음의 여유가 생깁니다. 물론 거꾸로 기본적인 수익화가 되다 보니 그만큼 헝그리하게 유튜브 수익창출에 집중을 못하기도 하는데요. 그럼에도 불구하고 생계에 대한 불안감이 적어 내가 가고자 하는 콘텐츠에 집중할 수 있다는 것은 투 채널 듀얼 인컴의 충분한 강점이라고 생각합니다. 그래서 자극적이지 않으면서 내용에 충실하고 내 채널에 부합하는 영상에 집중할 수 있습니다.

자칫 채널을 망칠 수도 있는 콘텐츠를 배제할 수 있게 되고 채널에 맞는 브랜디드 광고를 고집할 수 있는 마음의 여유가 생깁니다. 결국은 이 고집이 채널을 롱런하게 하는 기본 베이직이 될 수 있다고 생각합니다.

다변화 시대 채널 성장의 가능성은 어느 채널에서 어떻게 터질지 모르기 때문에 어느 정도 수익이 나는 채널이라면 유지하는 쪽을 택하라고 추천하고 싶습니다. 특히 요즘처럼 많은 연예인이 뛰어드는 조회수 100만 대형 유튜버 시대에 가능성을 가진 집중 채널 2개는 함께 가져가는 것이 리스크를 줄이고 수익화 성장 가능성을 높이는 방법이 될 수 있을 거라 생각합니다.

4) 듀얼채널을 통한 다양한 네트워크, 일타쌍피의 기회

보통 광고 에이전트들은 자신만의 분야가 따로 있습니다. 유튜브 채널 광고가 중심인 곳도 있고, 블로그 채널 광고가 중심인 곳도 있습니다. 하지만 제조사나 유통사는 두 군데를 모두 한꺼번에 공략하기 때문에, 직접 섭외가 오는 곳이라면 블로그 광고 제안이 왔을 때 유튜브 광고를 제안할 수 있고, 유튜브 광고 제안이 왔을 때 블로그 추가 광고로 수주 입지를 더 공고히 할 수 있습니다. 하나의 제안으로 일타쌍피의 효과를 낼 수 있는 기회가 생길 수 있습니다. 채널이 성장하면 그런 가능성은 더 높아질 거라고 판단됩니다. 결국 스스로 가진 네트워크의 다양성은 광고 수주의 힘이 될 수 있습니다.

다만 여기서 주의할 점은 반드시 채널별로 자신만의 강점을 분명히 어필할 수 있어야 한다는 점입니다. 구독자가 많거나 이웃이 많다는 것만으로는 설득하기 어렵고, 나만의 강점을 확실하게 갖고 있을 때 공략할 수 있습니다.

그러려면 채널마다 일관된 콘텐츠의 방향성이 있어야 합니다. 저도 처음에는 어떤 것으로 해야 할지 중심을 잡지 못해 텃밭 가꾸기로 시작했다가 텃밭 요리로 확장해 요리 콘텐츠를 올렸습니다. 그런데 요리는 제가 감당하기에는 어려움이 많더라고요. 쟁쟁한 요리 유튜버가 많은 시장에서 조회수를 확보하는 것은 너무 힘든 일이었죠.

그래서 요리는 과감하게 포기하고 집 꾸미기 쪽으로 중심을 잡아갔습니다. 텃밭 이야기는 치트키처럼 환경을 생각하는 나만의 특별함을 담기 위해 간간이 넣어주고, 주로 살림과 리빙에 포커스를 맞추는 것으로 중심을 잡아가고 있습니다.

5) 집중할 채널 선택과 원 소스 멀티 유즈 활용

제가 운영하는 채널은 잘 활용하지 않는 페북과 트위터를 빼면 총 5개입니다.

12,000 이웃 네이버 블로그

10,000 팬 네이버 인플루언서

16,700 구독자 유튜브

10,000 팔로워 인스타그램

1,000 팔로워 틱톡

블로그는 수많은 협찬과 생활의 기본이 되는 적절한 원고료를 제공해 줍니다. 외식과 미용, 뷰티와 생활용품은 많은 부분 협찬받고 있고, 그것을 통해 일정수준의 원고료도 따라옵니다. 그리고 유튜브는 브랜디드 광고를 통해 높은 수익을 챙길 기회가 생기고, 공동구매 수익창출이라는 또 하나의 가능성을 제시하죠.

유튜브 브랜디드 광고는 일하는 시간과 노력에 비해 수익률이 높지만, 문제는 소형 유튜버에게 주어지는 광고 수주 기회가 적다는 것! 그래서 꾸준히 유료광고가 아닌, 나의 콘텐츠를 올리는 데 시간을 할애해야 합니다. 그에 비해 오랜 기간 공들인 네이버 블로그는 금액이 크지는 않지만 꾸준하게 협찬과 광고가 진행됩니다. 어느 한 가지에 집중할까도 생각했지만, 두 개의 채널 모두 안정성과 가능성을 갖고 있어서 블로그는 생활을 위해, 유튜브는 수익을 위해 집중하기로 결정했습니다.

세상은 수시로 변하고 있고, 그래서 한 가지만 제한할 필요는 없다고 생각합니다. 하지만 집중해야 할 채널의 선정은 분명히 해야 합니다. 모두 다 집중하기 어렵기 때문이죠. 그래서 저는 트렌드의 변화에 따라 무게중심을 바꿔가며 집중해 보려고 합니다. 집중할 채널을 선택하고 하나의 영상으로 멀티 활용이 틱톡과 인스타그램숏폼 영상을 꾸준히 활용하면서 동반성장을 해보려고 합니다. 블로그가 잘 나갈 때는 블로그에 집중하면서 유튜브를 꾸준히 올리고, 유튜브가 잘 나갈 때는 블로그는 꾸준함을 잃지 않을 정도로 속도를 살펴보려고 합니다.

중요한 건 과연 채널의 수익화가 모두 유의미한가를 꼼꼼히 따져보는 것이고 함께 갈 것인지, 단독으로 갈 것인지 냉철하게 결정하는 몫은 결국 나에게 있습니다. 저는 충분히 고민했고, 경험했고, 그래서 유튜브와 블로그 두 채널을 동시에 가져가기로 결정했습니다. 아쉬운 점은 온전히 하나에 집중하지 못해 폭발적인 성과를 내기가 쉽지 않다는 것이고,

이로운 점이라면 리스크를 줄일 수 있고 기회의 가능성을 열어둘 수 있다는 것이겠죠?

⑤
날고 기는 리빙 유튜버 그라운드, 나의 전략은 듀얼 커머스 크리에이터

잘 나가는 리빙 유튜버를 살펴보면 두 가지 케이스로 요약됩니다. 첫 번째는 예쁜 집에서 공을 많이 들인 전문적인 영상으로 승부하는 경우입니다. 그리고 두 번째는 생활 꿀팁을 리얼하고 재미나게 보여주는 경우인데요. 여기서 어떻게 승부를 내야 할까 고민을 합니다.

첫 번째의 경우는 단순히 영상을 잘 찍고 공을 들이는 것으로 해결이 될 수 없습니다. 기본적으로 영상이 잘 나오는 멋진 집과 인테리어가 받쳐줘야 하고, 그것에 집중할 수 있는 시간이 필요한데요. 사실 저처럼 블로그와 유튜브를 동시에 진행하는 경우에는 그렇게 시간을 집중해서 쓸 여유가 없고 영상 퀄리티를 내기 어려운 상황입니다. 또한 예쁜 영상을 만들기에는 그렇게 영상에 담기지 않는 올드한 구축아파트의 단점도 있

습니다.

저처럼 듀얼로 가는 투 채널의 경우엔 시간을 쪼개야 하고 효율성 있는 전략을 짜야 하는데, 그러기엔 시간과 공을 많이 들여야 하고, 영상에 노출되는 예쁜 집 만들기가 쉽지 않아서 제가 만들어 낼 수 없는 부분이죠.

블로그를 만들 때도, 유튜브를 만들 때도 제 컨셉은 리얼함 그대로 생활의 꿀팁을 담는 리얼리티에 중점을 두었습니다. 그렇기 때문에 저의 전략은 자유로움을 담는 생활의 꿀팁모음으로 잡고 있습니다.

제 영상 중 조회수가 높은 영상은 그렇게 예쁘지도, 그렇게 편집 스킬을 많이 쓰지도 않은 누구나 할 수 있는 실용적 아이디어를 적용한 집 꾸미기 살림이야기들입니다. 중요한 건 여기에 나만의 스토리를 담는 것, 그리고 나의 소소한 아이디어를 담는 것이 들어가면 영상이 뜨는 것 같습니다.

문제는 그러한 영상을 매번 만들기는 그리 쉽지 않다는 것인데요. 그래서 제가 선택한 것은 내가 보여주고 싶어 하는 것만 보여주지 말고 좀더 자유롭게 집 꾸미기 일상을 보여주자는 것입니다. 지금까지의 딱딱한 틀에서 벗어나 자유로운 컨셉의 영상을 자주 보여주면서 궁금증을 갖게 하고 관심을 갖게 하자는데에 포인트를 주려고 합니다.

1) 시간과 공이 들어간 롱폼의 숏폼화, 효율적인 숏폼 활용

요즘 숏폼이 유튜브의 대세입니다. 숏폼만으로 공구를 진행하는 사람도 늘어가고, 숏폼으로만 채널을 운영하는 사람도 생기고 있습니다. 그만큼 숏폼을 유튜브가 밀어주고 집중하고 있는데요.

제가 지금까지 만든 롱폼은 7년이라는 시간 동안 360건이 넘습니다. 인테리어를 하면서 만든 영상이라 실제로 몇 시간에서 며칠에 걸쳐 작업한 귀한 셀프리폼 영상이 많은데요.

그중에서 핵심포인트를 꾸준하게 숏폼으로 만들어 보려고 합니다. 실제로 그렇게 오랜 시간 작업한 프로세스의 핵심을 올린 영상들은 대체로 조회수가 높게 나오고, 또한 그로 인한 구독자 증가도 굉장히 높습니다.

그중에 몇 가지를 예로 들어 보겠습니다.

10분 만에 뚝딱, 베란다 타일리폼 조회 15만, 구독자 증가 130

https://youtube.com/shorts/-bH6bpmxzws

벽지페인팅 손쉽게 요걸로 조회 4만, 구독자 증가 45

https://youtube.com/shorts/qdXoSquGFz0

싱크대 2배 확장하는 주방꿀팁 조회 3만, 구독자 증가 42

https://youtube.com/shorts/5WiqA7cmiVk

물론 구독자가 저보다 훨씬 많은 유튜버와는 비교가 안 되는 숫자일 수 있겠지만, 저에게는 아주 의미 있는 숫자인데요. 롱폼보다 손쉽게 만들 수 있고, 자막을 새로 넣지 않아도 되어서 빠르게 업로드할 수 있어 효율적입니다. 또한 기존의 영상 링크를 같이 걸 수 있고, 제품링크를 추가할 수 있어서 조회수 증가와 함께 수익화를 함께 노릴 수 있는 매우 효율적인 방법이라고 생각합니다.

7년간 작업했던 롱폼에서 아이디얼한 순간을 포착하고 요약해 숏폼을 만들어 가는 작업을 계속 진행하려고 합니다. 그리고 긴 영상 대신 짧게 핵심만을 추려서 프로세스를 전달하는 작업으로 숏폼을 활용하려고 합니다.

2) 블로그 협찬을 통한 유튜브 콘텐츠 전환과 수익화

유튜브에서 꾸준한 영상제작이 어려운 이유 중 하나는 콘텐츠를 기획하는 일입니다. 그런데 리빙 블로그를 진행하면서 만나는 리빙 꿀템들은 트렌디하고 시장을 앞서가는 제품이 많아서, 그러한 점을 살려 즉각적인 유튜브 영상 콘텐츠를 만들 수 있다는 장점이 있습니다.

블로그 협찬을 통해 경험해 본 상품들 중 정말 추천하고 싶은 상품들을 자연스럽게 영상에 녹이면서 제품에 대한 쿠팡 파트너스 링크를 올려 수익을 창출할 수 있고, 또한 그것을 통해 제품에 대한 공동구매 제안을 이끌어 낼 수도 있습니다.

블로그 협찬이 좋은 이유는 콘텐츠를 만들기 위해 추가적인 비용을 따로 들이지 않아도 된다는 점과 무엇보다 트렌디한 상품들을 다른 사람보다 먼저 꾸준하게 만날 수 있어 리빙영상 제작에 대한 아이디어를 얻을 수 있다는 점입니다. 더 좋은 점은 시장에서 대중화되는 시점보다 조금 더 앞서 제품을 만날 수 있기 때문에, 유튜브 영상 콘텐츠를 선점할 수 있다는 이점이 있습니다.

그렇게 만든 영상 중 대박이 났던 건 바로 현재도 조회수 1위를 기록하고 있는 '맨발로 걷는 실속형 베란다 꾸미기'입니다.

당시 코일매트를 블로그 협찬으로 받았었고, 그로 인해 어수선한 베란다를 정리하면서 맨발로 걷는 베란다 이야기로 편안하게 담았는데요. 2,000원짜리 다이소 상품으로 베란다 가리개 커튼을 만들어 깔끔하게 베란다를 꾸미고 편안하게 맨발로 걷는 공간을 연출하면서 71만 조회수, 1,500명의 구독자, 609불의 수익을 창출한 호박네 효자 영상이 되었습니다.

마침 코일매트가 막 시장에 들어오기 시작하는 상태였었고, 그것을 처음 적용하면서 많은 사람들의 관심을 받을 수 있었습니다. 그때 반려견 강아지도 함께 등장하면서 귀여운 포인트가 추가되어 구독자분들의 많은 관심을 받았고, 지금도 여전히 가장 핫한 영상 중 하나가 되었습니다.

호박네하우스

하지만 과연 (건조기를) 위에 배치하는 것이 안전한지

두 번째 케이스로는 블로그 협찬을 받고 나서 제품이 좋아 자체적으로 영상으로 제작한 쉐우드 건조기 거치대 설치 영상이 있습니다. 당시 이 영상을 업체에 소개했었고, 이 영상을 살펴본 업체에서 1차, 2차에 걸친 브랜디드 영상을 의뢰하여 추가로 진행하게 되었습니다. 결국 블로그 협찬이 자발적인 영상제작으로 이어지면서 1차, 2차의 브랜디드 광고를 수주하여 수익화를 만들어 낸 케이스가 되었습니다.

쟁쟁한 유튜버 광고시장에서 소형 유튜버가 광고나 홍보를 하고자 하는 기업과 만날 수 있는 기회는 그리 흔치 않은데요. 이렇게 블로그 협찬을 통해서 만난 기업에게 영상 홍보를 제안하게 되면서 유튜브 영상 광고를 진행하는 기회를 가질 수 있는 것은 매우 유의미한 일이라고 생각합니다. 이렇게 이어진 광고주 네트워크는 충실한 영상기획과 제작으로 2차, 3차의 지속적인 수익화를 만들어 낼 수 있으니까요.

3) 네이버 인플루언서 브랜드 커넥트 커머스의 활용

네이버에는 영향력있는 인플루언서와 브랜드 커넥션을 연결하는 인플루언서 브랜드 커넥트 시스템이 있습니다. 다양한 대기업, 중견기업들이 네이버 인플루언서와 협업을 하는 브랜드 커넥트는 더욱 활성화되고 있는데요.

이전에는 단순히 블로그 협업이 위주였다면, 이제는 유튜브 채널로의 확장을 만들어 가면서 인플루언서가 가진 채널을 다양하게 극대화하고 있습니다.

위 상품들은 제가 네이버 브랜드 커넥트를 통해 현재 진행하고 있는 상품들입니다. 그 중엔 제품 협찬만 있는 것도 있지만 원고료를 추가로 받는 것도 제법 있습니다. 진행하고 싶은 상품을 상품가와 원고료를 확인하고 지원하게 되는데요. 이 중에서 제게 필요하고 원고료가 높은 캠페인으로 지원을 하고 있습니다. 선정할 때 또 하나의 선택기준은 유튜브 영상으로 녹일만한 제품인가도 확인하게 됩니다.

이 중에서 제가 유튜브 영상으로 콘텐츠를 만들 수 있는 캠페인은 인덕션후라이팬과 매트리스 그리고 다이어트 젤리 인데요. 인덕션후라이팬은 "가성비있는 후라이팬 제대로 길들이는 방법"이란 컨셉으로 영상을 만들 수 있고, 매트리스는 "10년 만의 매트리스 교체, 나만의 똑똑한 선택방법"으로, 비거너리 다이어트 젤리는 "맛있게 체지방 줄이는 법 행복한 다이어트 젤리"란 컨셉으로 올릴 수 있습니다.

비거너리 다이어트 젤리는 인스타그램 숏폼으로 진행하기 때문에 유튜브에 쇼츠로, 틱톡에 영상으로 바로 원소스 멀티유즈로 활용할 수 있

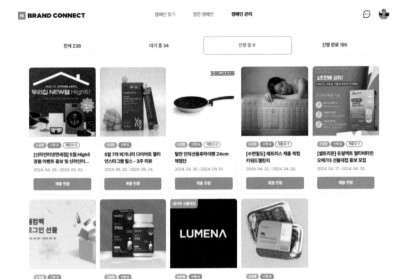

고, 제품가격이 10만 원, 인스타그램 릴스 원고료가 30만 원이라 자체 광고 수익화에도 도움이 되고, 유튜브에도 활용가능한 캠페인이 될 수 있습니다.

이러한 상품은 또한 쿠팡 파트너스를 통해 제품 URL을 연결해 추가 수익을 기대할 수 있는 제품들입니다. 콘텐츠로서의 가치와 수익화로서의 가치를 모두 기대할 수 있는 제품을 선택하면 네이버 키워드 노출로 인한 수익화와 유튜브 광고수익 그리고 쿠팡 파트너스 수익화를 만들어 낼 수 있습니다.

4) 크루의 힘! 함께 어울려 가는 길

하지만 이 모든 것들을 혼자서 하다 보면 아무래도 정보의 한계가 있는데요. 저는 네이버 리빙 인플루언서 크루 카톡방과 유튜버 크리에이터 카톡방에서 각각 활동하며 시장의 트렌드와 수익화 정보를 함께 얻고 있습니다.

네이버 리빙 인플루언서 네트워크에는 자신이 받은 체험 링크를 공유합니다. 유튜버 크리에이터 방에서는 좋은 뉴스와 정보를 함께 나누고 궁금한 사항들은 편하게 묻고 답을 얻을 수 있습니다.

혼자서 영상을 만들어 올리고 혼자만의 세상에서 움직이면서 블로거로, 유튜버로 활동할 때는 성장도 느리고, 어떻게 하면 수익화가 생기는지 알 수 있는 정보도 없었습니다. 그런데 지금은 다른 사람들은 어떻게 움직이고 있고, 어떠한 콘텐츠를 만들고 있는지, 그리고 시장의 움직임은 어떤지 확인하고 공유할 수 있습니다.

혼자 가는 길은 어렵고, 외롭고, 힘들고, 무엇이 문제인지 파악하기 어렵지만, 크루와 함께 가는 것은 새로운 자극과 함께 다양한 정보를 얻고 수주할 수 있는 기회를 얻는 공간이 됩니다.

저 또한 수년 동안 혼자 유튜브를 운영하면서 제 채널이 아닌, 다른 세상을 전혀 알지 못해 영상 조회수가 폭망할 땐 무엇이 문제인지 몰라 당황하고 혼자 힘들어하던 시간이 많았습니다. 그런데 함께 같은 곳에서 일하는 크루를 만나게 되면서 내 안에만 갇혀있던 이전과는 다른 오픈된 세상에서 나를 노출하고, 나를 자극하고, 그 속에서 한 번 더 고민하고 그 답을 찾게 됩니다.

유튜버 크루와 함께 1박 2일 워크숍에 가서 부산 동백섬 한바퀴를 산책하며 유튜버를 시작한 지 수년 만에 1위 농부 유튜버가 된 분의 이야기를 듣고 팬 관리 노하우, 수익화 방법도 배우게 되었습니다.

나보다 먼저, 나보다 빨리 간 분들의 경험과 이야기는 저에게 좋은 양분이자 자극이 됩니다. 내가 머뭇거리고 있을 때 다시 시작하게 하는 용기를 주고 함께 기회를 나눌 수 있는 공유가 되기도 합니다.

5) 공구와 커머스! 소형 유튜버가 살아남는 방법

소형 유튜버이지만 다채널 운영으로 공구 콘텐츠를 꾸준히 만들어 낼 수 있는 상황이라면 제가 집중해야 할 것은 꾸준한 상품리뷰와 공구 그리고 커머스라고 생각합니다. 그런데 지금껏 해보니 안정적으로 성장하길 희망한다면 무조건 많이 하는 것은 답이 아닌 것 같습니다. 왜냐하면 아직 신뢰가 쌓이지 않았기 때문에 잘 선택해서 집중 공략하는 것이 필요합니다.

그래서 다양한 상품을 많이 진행하는 것보다는 업계 1위 상품이라든가, 네임밸류가 있는 브랜드 상품 위주로 신뢰를 쌓아가는 것이 중요할 것 같습니다. 그래서 공구 요청이 많이 오지만 제가 잘할 수 있고, 또한 업계에서 알려져 있는 브랜드 상품으로 공구와 커머스를 집중하려고 합니다.

이미 2가지 상품은 진행하기로 결정을 했습니다. 하나는 제가 아주 유용하게 사용하고 있는 운동기구 스텝퍼이고, 또 하나는 유명 유럽 브랜

요거 깨끗하게 잘 없애고 싶은데

드 밀텍하우스 달로플라스트의 조리도구 세트 상품입니다. 당분간은 여러 상품이 아닌 집중된 상품으로만 커머스를 진행하고자 합니다.

빌드업부터 시작해서 꾸준하게 구매를 이끌어 낼 수 있도록 숏폼도 꾸준히 하고, 롱폼영상도 재미나게 구성을 해보려고 합니다. 유튜브 라이브 커머스도 조금씩 연계해 나가는 것을 구상하고 있고 확장해 나가려고 합니다.

리얼리티 리빙 듀얼 커머스로 블로그와 유튜브를 동시에 활용해 블로그에서는 상위노출 키워드를 잡고, 유튜브에서는 빌드업 숏폼부터 롱폼까지 집중된 콘텐츠로 집중해 보려고 합니다.

그리고 공동구매 또한 협업이 가능한 분들과 함께 진행하게 되면 시너지 효과도 나고 노출의 수도 늘어나서 힘이 생깁니다. 혼자서 가는 길은 힘들고, 외롭고, 지치기 쉽지만, 함께 가는 길은 경쟁이 되면서 격려도 되고, 새로운 방법을 발견할 수도 있어서 좋은 자극이 됩니다.

6) 라이브를 통한 팬층 확보, 그대로의 나를 보여주자

유튜버이기도 하지만, 유튜브를 즐기는 구독자로서 제가 구독하는 채널의 특성을 살펴보았습니다. 내가 어떤 채널을 좋아하는지 살펴보면 대부분 집중하게 되는 채널의 특성은 잘 웃고, 자유롭고, 있는 그대로를 보여주는 영상이었습니다.

그런데 생각해 보면 제 영상에는 저만의 틀이 있습니다. 뭔가 완벽해지려고 하고 바른말, 바른 정보만을 전달하려고 합니다. 어느 컨설턴트가 조언하길 영상에서 너무 완벽한 모습을 보여주면 댓글이 달리지 않는다고 합니다. 그렇다고 제 영상이 완벽한 것은 아니지만, 모든 것을 알려 주려고 하다 보니 굳이 댓글을 남길 필요를 못 느끼는 게 아닌가 싶습니다. 빈틈을 보이지 않으면 댓글이 안 달린다고 해요. 빈틈이 많은 나를 보여줄 수 있는 방법은 라이브가 답인 것 같습니다.

제 채널의 구독자가 늘어나는 속도가 느린 이유에는 다 그 이유가 있습니다. 우선 2년간 집안의 우환으로 영상을 제대로 주기적으로 꾸준히 못 올린 것이 가장 큰 이유라고 생각합니다. 이제 다시 집중하고 있지만, 제가 풀어야 할 숙제는 팬 층의 확보와 나 그대로를 꾸준히 자주 보여주는 것이라고 생각합니다. 이 두 가지를 잡기 위해 앞으로 주기적인 라이브를 진행하고, 영상에도 조금 더 자유로운 저의 빈틈을 그대로 노출해 보려고 합니다.

그리고 가장 중요한 것! 주기적으로 꾸준한 영상 업로드! 제 지인 중 정말 빠르게 성장하는 농부 유튜버가 있는데, 그 분의 말을 빌리면 "직장생활할 때보다 더 열심히 더 바쁘게 산다."고 합니다. 일주일에 거의 매일 영상작업을 하고 올린다고 해요. 쇼츠도, 롱폼도 일주일에 10개는 올리는 것 같습니다. 블로그를 하다 보니 그 부분이 제일 못 지키는 부분 중 하나인데, 성실한 주기적인 업로드는 유튜브가 성장하는 가장 빠른 방법입니다.

"그 사람을 잘 알아야 그 사람이 궁금하고, 그 사람의 이야기가 궁금하다!"

한계를 벗어나려면 앞으로 지켜야 할 것, 해야 할 게 참 많습니다. 차근차근 조금씩 실천하면서 꾸준하게 성장하는 크리에이터가 되려고 합니다.

"SLOW LIVING SLOW LIFE", 제 채널 모토인데요. 그렇게 천천히 하지만 꾸준하게 성장해 보려고 합니다.

⑥

유튜버를 꿈꾸는 중년들에게 고함!
퍼스널 브랜딩의 힘

50대 초반, 저는 어쩌면 운 좋게 파워 블로거가 되었고, 블로거를 통해 유튜브를 시작하게 되어 이제 수익화를 만들어 가는 그 시작점에 있습니다.

제 나이 또래가 되면 이제 퇴직을 할 때이고, 그 이후 무엇을 할까 고민합니다. 그리고 그중엔 자신만의 미디어를 만들어 보고 싶어 유튜버를 하고자 하는 사람들이 늘어가는 것 같습니다. 유튜버가 되고 싶어 하는 그분들께 조금 먼저 유튜브를 시작한 사람으로 몇 가지 조언을 하고 싶습니다.

1) 어떤 콘텐츠를 할까 고민한다면?

제일 중요한 건 어떠한 채널을 만들까입니다. 저는 7년 동안 테스트하고 경험했는데도 불구하고 오늘도 혹시나 리빙 콘텐츠가 아닌 여행이야기를 올려볼까 하고 쇼츠영상을 올렸습니다. 그리고 또다시 조회수가 바닥을 치는 것을 확인했습니다. 참 어리석지요! 이렇게 7년이 된 유튜버도 알면서 또 무모한 도전을 합니다.

꾸준하게 조회수를 유지하면서 팬층을 확보하려면 남과는 차별화된 나만의 이야기를 꾸준하게 올려야 합니다. 중구난방으로 A를 이야기하다 B를 올리고, C를 다시 이야기한다면 구독자들은 그곳에 머무르지 않습니다. 팬들은 결국 나의 이야기가 궁금한 사람들의 모임입니다. 무엇을 이야기해야 할지를 정했다면 그 콘텐츠에 대해 구독자가 무엇을 궁금해할지에 초점을 맞춰야 합니다.

중요한 건 내가 어떤 이야기를 일관되게 재미나게 할 수 있느냐, 그것을 찾아야 하는 것인데요. 잘 되는 콘텐츠를 따라가는 것이 아니라, 수익화가 될 것을 쫓아가는 것이 아니라, 내가 정말 좋아하고 꾸준히 해도 질리지 않는 것, 꾸준하게 이야기할 수 있는 것에 집중하라고 권하고 싶습니다. 그래야 차별화가 생기고 나만의 노하우, 나만의 전문성을 가질 수 있습니다. 깊이가 없는 채널은 결국 오래가지 못하니까요.

저처럼 직접 집 꾸미는 것을 좋아하고, 집 꾸미기 살림이야기를 꾸준하게 올리는 집순이라면 그것에 궁금한 사람들이 모이는 곳이 제 채널이고, 그 이야기를 꾸준히 해야 구독자가 늘고 조회수도 높아지게 됩니다. 또한 그렇게 한 우물을 파다 보면 남들이 잘 알지 못하는 나만의 노하우도 계속 쌓이게 되죠. 사람들은 그것을 알고 싶어 하고 궁금해하는 거라는 사실을 잊지 말아야 합니다.

또한 내가 재밌고 즐거워야 구독자도 즐겁고 얻어가는 것들이 생깁니다. 그리고 그 깊이가 다른 채널보다는 깊어야 사람들이 채널에 머물게 되고 꾸준하게 시청하게 됩니다. 그러려면 내가 늘상 하는 것이어야 하고, 다른 사람보다 더 많이 접할 수 있는 것이어야 나만의 특별함을 갖게 됩니다. 그 이야기에 사람들이 귀 기울여 듣고 집중해서 보게 됩니다.

결국은 내가 나의 이야기를 나만의 스타일로 하고 있느냐가 팬을 만들고 구독자를 늘게 하는 힘이 됩니다. 누구나 하는 이야기를 하고 남들과 차별화되지 않게 한다면 결국 팬은 떠나게 된다는 걸 잊지 말아야 합니다. 어쩌면 이 이야기는 저 자신에게 하는 맹세이기도 한 것 같습니다.

제일 잘할 수 있고, 꾸준히 할 수 있고, 무엇보다 자신이 즐거워하는 콘텐츠를 해야 꾸준하게 영상작업이 가능하고, 유튜브 채널의 지속가능성이 높아집니다.

2) 완벽한 영상을 만들려고 하지 마세요. 사람들은 당신의 영상이 아닌 당신에게 관심을 갖고 있습니다

많은 사람들이 영상을 만들지 못해서 유튜브를 시작하지 않지만, 어느 정도 영상을 만들 수 있는 사람인데도 불구하고 제대로 만들지 못할 것 같아 시작을 하지 않는 경우가 많습니다.

그런데 의외로 많은 구독자들은 편집기술에 집중하지 않습니다. 편집

기술이 아닌 영상의 내용에만 집중합니다. 그래서 이야기를 잘 담고 있는지에 집중해 영상을 가볍게 만들고 꾸준하게 올리는 것이 중요합니다.

바로 지금 시작하는 것이 제일 중요합니다. 제대로 만들려고 이것저것 배우고, 컨설팅받고, 그러는 시간에 유튜브 시장은 더 확장되고 나의 공간은 더 적어집니다. 지금 바로 자신의 콘텐츠를 충분히 고민하고, 영상 업로드를 바로 시작하세요. 허접한 영상이어도 상관없습니다. 모든 쟁쟁한 유튜버들이 모두 다 허접한 영상에서 시작한다는 걸 잊지 마시기 바랍니다.

3) 장비발? 편집툴? 핸드폰 하나여도 괜찮아요!

"유튜브 시작해 보세요?"라고 말하면 "저는 아직 카메라도 없고, 편집 툴도 사지 못했어요. 프리미어 프로 사용이 어렵다고 하던데요?"라고 말하는 사람들이 꽤 있습니다. 그런데 제 영상의 가장 높은 조회수를 가진 60만, 70만 영상은 모두 핸드폰 하나로 만들었다는 것입니다.

물론 저는 복잡하다고 하는 프리미어 프로도 자유롭게 사용할 수 있습니다. 그런데 블로그도 써야 하고, 유튜브 영상편집도 함께해야 하는 제게 시간은 늘 부족합니다. 그래서 최대한 빠르게 편집할 수 있는 툴을 선택하게 되는데, 그것이 바로 모바일 앱입니다.

프리미어 프로가 편하게 느껴질 때도 있고, 앱이 더 편하게 느껴질 때도 있지만, 지금 시작하는 유튜버라면 무조건 모바일 앱을 권장하고 싶습니다. 배우는 데 드는 시간을 1/10로 줄일 수 있고, 편집하는 시간도 반 이상 줄일 수 있기 때문입니다. 제가 추천하는 영상편집으로는 자동 자막이 가능하고, 직관적인 캡컷과 텍스트 색깔 편집이 가능한 블로(VLLO)를 추천합니다.

특히 저처럼 여러 가지 채널을 운영하는 사람에겐 속도가 생명입니다. 정교한 편집과 다양한 효과를 일일이 끌어와서 사용해야 하는 프리미어 프로는 좀 더 섬세하고 고급스러운 영상편집이 가능하지만, 그만큼 시간이 많이 걸립니다. 그에 반해 캡컷이나 블로는 영상편집의 속도뿐만 아니라 매우 빠른 자막 작업이 가능합니다. 이러한 편집 속도의 차이는 결국 업로드 주기를 줄여줄 수 있어서 업로드의 지속성과 구독자 증가에 보다 효과적입니다.

수려한 영상을 포인트로 잡는 채널이 아니라면 중요한 건 영상 스킬보다는 콘텐츠라는 걸 잊지 말아야 합니다. 결국 구독자와 유튜버 채널성장은 주기적인 영상 업로드와 콘텐츠가 생명이라는 걸 기억해야 합니다.

조금 더 영상 퀄리티를 높이고 싶다면 편집을 멋지게 하기보다는 다양한 각도에서 더 많이 촬영한 영상으로 내용을 풍성하게 하는 데 집중하는 것이 보다 더 효과적입니다.

영상의 퀄리티가 중요한 요리나 ASMR 채널이 아니라면 직관적으로 내용을 빠르게 편집할 수 있는 모바일 앱 사용을 추천합니다. 제가 주로 사용하는 효과적인 모바일 앱은 블로(VLLO)와 캡컷(Capcut)을 추천하고 싶습니다. 특히 캡컷은 자막작업이 수월하고 PC버전으로 손쉽게 편집이 가능해서 활용하시면 좋겠습니다. 그리고 자막자업을 추가로 한다면 추가적인 앱으로 Vrew가 편집을 효율적으로 하는데 도움이 됩니다.

4) 수익화에 대한 목표설정이 중요하다

사람들은 다양한 꿈을 갖고 있습니다. 특히 저처럼 일선에서 조금 떨어진 중년의 시기에는 꿈이나 희망사항이 좀 다른 것 같습니다. 그래서 저희 세대에서는 수익화를 어느 정도로 할 지 그 수준을 정하고 시작하는 것이 중요합니다. 그에 따라 집중해야 할 정도가 다르기 때문이죠.

저는 솔직히 크리에이터로 대박을 바라고 엄청 많이 벌기를 희망하지는 않습니다. 물론 그 꿈이 0이라고는 말할 수 없지만, '돈＝스트레스'

라고 생각하는 사람이라 소박하게 행복한 수익화를 목표로 삼고 있습니다.

블로그로 일정수익을 올려서인지는 몰라도 유튜브는 집중해서 대박 나는 것보다는 꾸준하게 조금씩 성장하자는 마음으로 운영하고 싶습니다. 그러한 데에는 제가 그 속도를 못 따라가는 부분도 있지만, 그것으로 인해 스트레스를 덜 받고 싶기 때문입니다. 제가 유튜브 채널명을 〈호박네하우스〉라고 지은 것 또한 저의 "천천히"라는 삶의 철학을 담았습니다. 천천히 내가 할 수 있는 정성을 다하는 삶을 살고 싶기 때문입니다.

적절한 스트레스는 삶의 원동력이 되지만, 중년의 나이에 과한 스트레스는 건강과 직결되기 때문에 소박하게 나만의 길을 길게 천천히 가고 싶습니다. 저의 모토 "SLOW LIVING SLOW LIFE"처럼!

유튜버 크리에이터로 가늘고 길게 가는 것이 저의 목표입니다. 한 걸음 한 걸음 꾸준하게 유튜버로 성장하는 것이 저의 목표인데요. 너무 깊게 집중하기보다는 "일정 수준의 수익화를 만들어 낼 수 있는 소박한 수준이면 된다."라고 목표를 잡았습니다. 대신 여기에는 나만의 스토리를 꾸준히 녹여 팬층을 만들어 가는 것을 기본으로 두고 있습니다.

채널과 연관성이 떨어지는 브랜디드는 가급적 진행하지 않으려고 하고, 자연스럽게 리빙과 살림의 이야기들을 천천히 하고 싶습니다. 경험상 집중해서 수익화를 만들려고 할 때보다 자연스럽게 영상을 남기는 마음으로 편안하게 했을 때 오히려 조회수도, 구독자 수도 많이 나오는 것 같습니다. 생각이 많은 제 경우에는 생각을 내려 놓고 마음을 비워야 영상에 재미가 더해지고 자유로움이 담길 수 있는 것 같습니다.

스스로 빛나는 크리에이터가 되고 싶은 나의 꿈! 그래서 선택한 나의 세 번째 직업, 크리에이터!

지금 나의 목표는 명확합니다. 천천히 빛나는 조금씩 성장하는 소박한 크리에이터! 이렇게 마음을 먹으니 마음이 편하고 조바심 없이 나의 길을 갈 수 있어서 행복합니다. 저는 행복한 크리에이터입니다. 그것을 가능하게 하는 기본을 해주는 블로그가 있어서 얼마나 다행인지 모릅니다.

중년의 나이로 유튜버 크리에이터를 시작하는 분들이라면 어느 정도의 수익화를 만드는 유튜버가 되려고 하는지 가이드 라인을 잡으면 좋겠습니다. 그것에 따른 방향성과 집중도는 많이 달라질 것입니다.

저는 수익이 짱짱한 크리에이터가 빠르게 되려고 하기보다는 매일매일 조금씩 성장해서 안정화되는 유튜버 크리에이터로 길게 오래 살아남는 유튜버의 길을 가고자 합니다. 유튜버 크루와 함께 서로 돕고 배우고 의지하면서 함께 천천히 길을 걸어보려고 합니다. 그러는 동안 30년 구축 아파트도 조금씩 더 예뻐질 것 같습니다.

유튜버 훈타민의 이야기

①

어쩌다 여행 유튜버가
되었나요?

▶

정치에 뜻을 두고 있다가 한 선배님을 통해 4선 국회의원을 지낸 분을 만나게 되었는데, 그분으로부터 같이 일을 해보자는 제안을 받고 한껏 고무되어 있던 2014년 2월 어느 날이었습니다. 저 좀 도와달라는 얘기를 하려고 여의도의 한 카페에서 친분이 있던 동생 A를 만났는데, 아이스 아메리카노 한 모금을 마시더니 제가 말을 꺼내기도 전에 갑자기 휴대폰으로 뭔가를 보여주는 겁니다.

'영국남자'라는 외국인이 불닭볶음면을 여러 영국 사람들에게 먹였는데, 영국 사람들이 놀라고 당황해하는 반응을 담은 영상이었습니다. 딱 1주일 전에 업로드된 그 영상은 조회수 100만을 훌쩍 넘기고 있었습니다. "형, 유튜브 아세요?" 제가 유튜브를 모를 리 있겠습니까. 이 박사의

〈뽕짝 대백과사전〉이라는 뮤직비디오가 하도 신기해서 2009년에 계정을 만들어 올린 적이 있거든요. "당연히 알지. 온라인으로 동영상 저장해 두는 사이트잖아."

"형, 앞으로는 이런 영상 잘 만드는 사람이 떠요. 형은 축구도 좋아하고, 날씨도 잘 알고, 별의별 거 다 잘하잖아요. 그러니까 이상한 고민하지 말고 유튜브 한번 시작해 보세요." 정치 활동에서는 돈이 안 나오기에 가뜩이나 밥벌이를 찾으려고 '문화행사 기획'이란 종목으로 사업자를 등록해 뒀지만, 정치 쪽에서만 계속 기회를 찾고 있던 저로서는 뼈를 심하게 맞는 순간이었습니다. 집으로 돌아오면서 네 가지 질문을 마음속에서 떠올려봤습니다.

① 내가 영상 콘텐츠 제작을 수행해 낼 능력이 있는가?
② 시장이 내게 수익을 가져다줄 수 있다고 확신할 수 있는가?
③ '유튜브'가 향후 대중적인 플랫폼으로 성장할 수 있을까?
④ '유튜버'에 대한 사회적인 인식이 변화할 수 있을까?

저는 이 4가지 물음에 대해, '장기적인 안목에서 체계적인 준비를 하기보다는 우선 뛰어들어 보자.'라는 중간 결론을 내리게 됐습니다. 이유는 간단했습니다. 사전 지식과 정보가 너무나 부족했고, 주변에 영상 관련 전문가도 전혀 없었기 때문입니다. 그렇다면 현실적인 과제를 해결할 방법론이 있어야 된다고 생각했고, 저는 네 가지 그럴싸한 해법을 도출했습니다.

① DSLR 같은 전문 기기는 능력자들이나 다루는 장비이므로, 뭔가를 새로이 구매하는 대신 기존 장비 두 개(가지고 있던 똑딱이 디카 및 휴대폰)로 촬영하자.

② 아는 동생 B가 영상편집을 할 줄 안다던 말이 갑자기 기억났다. 그러니 밤새도록 술을 먹이고 구워삶아서 팀원으로 합류시키자.

③ 주변에 술 마실 때마다 외국인 친구들과 자주 논다던 아는 동생 C를 꼬드겨 외국인 출연자들을 섭외하자.

④ 항상 자기가 아이디어 넘치는 유능한 기획자라고 주장하던 아는 동생 D에게 스테이크와 커피를 사주고 향후 영상 콘텐츠 소재들을 마련하자.

수익은 창출이 돼야 적절히 분배한다는 조건이니, 수익이 나기도 전에 거창하게 비용을 지출할 필요도 없었습니다. 모든 업무는 온라인으로 진행했으며, 채널에서 수익이 나는지 안 나는지 살펴보다가 수익이 나면 최대한 버티면서 '유튜브'가 성장하는지 지켜보고, 유튜브의 성장이 지속된다면 'BJ'로 대표되는 크리에이터에 대한 당시 사회적 인식이 변화하는지 지켜보다가, 가능성 있으면 사업으로 전환하면 되겠다는 중기 계획도 세웠습니다.

사실 이런 자신감을 가지게 된 데에는 당시 '영국남자' 신드롬이 크게 다가왔었기 때문인데, ① 외국인에게 불닭볶음면을 먹여도 조회수가 100만은 나온다. ② 영상 하나만 뜨면 벌판에서 껑충 뛰며 '제가 여러분께 영어를 가르쳐 드리겠습니다!' 하는 영상만 찍어도 조회수가 40만은 나오더라. ③ 심지어 바로 모 영어 학원으로부터 광고(브랜디드 콘텐츠)까지 수주했네. 등의 3가지 현상이 컸습니다.

3달 가까이 준비 기간을 거쳐 5월 어느 날 튀르키예 출신의 젊은 여성

분을 소개받고서는 왕십리의 한 호프집에서 '한국식 폭탄주들에 대한 외국인의 반응'을 성공적으로 촬영했는데, 영상편집이 끝날 무렵 그 여성분이 제게 물었습니다. "이거 업로드하면 튀르키예에서도 볼 수 있는 건가요?" 당연하다고 대답했다가 뜻하지 않은 카운터를 세게 얻어맞았습니다. "안 돼요. 저희 집안은 무슬림(이슬람교 신자)이에요! 부모님이 보시면 큰일나요!"

결국 그때 만든 영상은 세상에 빛을 보지 못했고, 실망한 편집자 B를 달래는 술값, 새로운 출연자를 구하기 위해 C를 꼬드기는 술값에 또 막대한 비용을 지출했습니다. 이번에는 '술을 마셔도 괜찮다.'라는 러시아인과 핀란드인 교환학생을 섭외해서, 왕십리에서는 스크류바주와 메로나주 만드는 영상을 찍었고, 광장시장에서는 3대 명물(육회, 빈대떡, 마약김밥)을 체험하고 반응하는 영상을 찍었으며, 난지한강공원에서는 당일 바비큐 소재의 브이로그를 찍었습니다. '해크루(Hakkrew)'라는 채널을 만들고 영상을 올렸는데, 당시 조회수는 편당 수백 정도에 불과했지만, 저는 향후 잘될 수 있다는 막연한 기대감을 가지게 됐습니다.

조회수와 같은 객관적인 지표 자체는 매우 낮았으나, 대학교에서 어문학을 전공하고 정치 지망생이던 제가 전혀 낯선 '영상' 분야에서 마치 PD라도 된 듯한 성취감을 느꼈기 때문입니다. 그 자극에 탄력을 받아, 그해 9월까지 여러 출연자들과 함께 반응, 문화 체험 및 교류, 토크 등의 영상을 촬영했는데, B가 갑작스럽게 일을 그만두면서 야심 찼던 프로젝트는 한순간에 거품처럼 꺼져버리기 시작했습니다. 저는 영상편집을 할 줄 몰랐기 때문입니다.

사실 기초 자본, 또는 탄탄한 콘텐츠 등 확실한 기반이 없다면 혼자서

노른자와 배를 육회에 골고루~

▲ 2014년 활동하던 당시 만든 영상 중 '광장시장' 편

모든 걸 수행하는 '1인 콘텐츠 크리에이터'로 시작하는 게 맞습니다. 하지만 여러 가지 일들을 동시에 하고 있던 제가 추가적으로 영상편집을 배워서 수행하겠다는 생각은 '비교열위(比較劣位)'라고 판단했습니다. 이 문제를 해결하려면 '급여를 주는 영상 편집자를 고용'해야 하고, '편집자와 같이 일할 수 있는 사무실 및 집기'를 마련해야 됐는데, 문제는 수중에 그만한 돈도 없었다는 겁니다.

마침 당시 중소기업진흥공단에서 '청년창업특례자금' 지원 사업이 있다는 걸 알게 됐고, 유튜브 영상 콘텐츠 제작을 통해 이러이러한 사업을 추진하겠다는 계획서를 작성했습니다. 여기에 그 무렵 제가 준비하던 게임 앱 개발 건도 추가했고, 나름 열심히 준비해서 열과 성을 다해 프레젠테이션 했던 저를 여러 심사위원님께서 기특하게 봐주셨는지, 결국 최종 선정되어 5천만 원의 저리 지원금을 받는 데 성공했습니다. 여기에 기존의 제 자금 몇백만 원을 별도로 추가하여 쇼핑몰 사업까지 추가시켰습니다.

사실 기획 의도만 놓고 보면 나쁘지 않은 접근이었던 게 ① 쇼핑몰을 통해 지속적으로 판매할 수 있는 아이템을 확보해서 수입원을 마련하고, ② 게임 앱을 통해 다양한 콘텐츠 노출을 시킬 수 있는 불특정 다수의 이용자들을 확보하며, ③ 유튜브 영상을 통해 기존 보유 콘텐츠의 노출을 극대화하는 한편, 신규 콘텐츠를 제작할 수 있는 여건을 갖추자. 이 세 가지 선순환 구조를 2014년 말까지 완성하고 2015년부터 본격적으로 추진할 계획이었기 때문입니다.

하지만 추진 과정에서 게임 앱의 매우 불확실한 시장성에 비춰 기존에 보유하고 있던 콘텐츠의 경쟁력에 대한 자체적인 의문이 들었고, 심지어 외부 업체로부터 받은 앱 제작 견적 금액은 사실상 지원금 전체 규모와 맞먹는 수준이었습니다. '많은 청년들이 지원금을 받은 후 앱 개발에 올인했다가 실패한 후 신용불량자로 전락하기도 한다.'라는 사례가 매우 많던 시기였기도 했습니다.

게다가 쇼핑몰의 경우, 사실 '자신 있다'는 아는 동생의 자신감만 믿고서, 그 동생이 상품선정과 사입을 담당하고 제가 자본 제공, 쇼핑몰 입점, 사진 촬영 및 상세 페이지 제작, 심지어 고객 응대 및 배송까지 모두 맡는 협업으로 시작한 건데, 막상 오픈 후 판매량이 부진하자 그 동생은 1달 만에 '취직이나 하겠다.'라며 일을 그만둬버렸습니다. 장사 경험이 없던 제가 상당한 재고가 쌓인 쇼핑몰까지 혼자 떠안게 되니, 거창했던 사업 계획은 한순간에 악몽으로 변해 버렸습니다.

혼자 술을 마시며 고민을 이어가던 어느 날, 모 지상파 방송국에서 작가로 일하고 있던 아는 동생 E와 우연히 안부 전화를 나누게 됐습니다. 그런데 뜻밖에도 그 동생은 일이 힘들어 그만두고 싶다는 고민을 제게 토로하는 겁니다. 영상편집을 할 줄 알던 그 동생을 직원으로 고용해서, 2015년 8월 1일부터 새롭게 일을 시작했습니다.

기존 〈해크루〉를 대신한 새 채널로 재미있으면서도 감동을 줄 수 있는 영상 콘텐츠를 만들고 싶은 게 제 목표였습니다. 그렇게 '훈훈한 비타민'이라는 의미를 지닌 유튜브 〈훈타민〉 채널이 2015년 8월 18일에 첫걸음을 내디뎠습니다.

당시 KBS 〈1박 2일〉의 열렬한 팬이던 저로서는 여행 주제의 영상을 만들고 싶다는 욕심이 있었습니다. 저와 E가 같이 알던 또 다른 동생들을 불러서 여행을 하며 촬영을 이어갔고, 〈하루치기〉라는 프로그램 명칭과 함께 그럴싸한 인트로까지 만들어서 총 17편의 영상을 제작했습니다. 이게 제 사업자 〈블라디엠앤씨〉가 영상 제작 회사로, 대표자 오상훈이 〈훈타민〉이라는 유튜버가 되었던 계기이자 과정입니다.

②
훈타민 채널의 명과 암,
그리고 한 줄기 빛

1) 생각지도 못하게 글로벌 채널이 되다

개인적인 사정으로 2016년을 통째로 쉬고 2017년 2월부터 채널을 새로 시작하다시피 했을 때, 2015년에 올려두었던 영상들이 꾸준히 노출된 덕분에 구독자 1천 명에서 시작할 수 있었고, 그 당시 1천 명 이상의 구독자를 보유한 채널에 한해 제공되던 유튜브의 '라운드 테이블' 교육에도 참여할 수 있는 기회가 주어졌습니다. 며칠 늦게 소식을 듣게 되어, 서울에서는 이미 신청자가 다 찬 상태였습니다. 겨우 부산 교육을 신청하고, 5시간 넘게 차를 몰아 달려갔습니다.

당시 구독자 50만 명을 넘던 글로벌 유튜버 〈아시안 보스〉의 강의는 그야말로 제게 신세계였습니다. 하나라도 놓치기 아까워 수첩에 빼곡하게 적고, 행사에 참석한 3~8천 명 구독자들을 보유한 여러 유튜버분들로부터도 많은 걸 배울 수 있는 시간이었습니다. 영상 트렌드를 분석해서 최신의 키워드나 이슈를 바탕으로 시청자들이 원하는 영상들을 만들려고 노력했고, 제목과 섬네일에도 많은 변화를 줬습니다.

1달간의 피나는 노력에도 불구하고 구독자 3명이 줄었습니다. 조회수는 보통 몇백, 많아야 3천에 그쳤습니다. 그러잖아도 유튜브에 출연한다는 걸 부끄럽게 여겨서 스노보드용 고글을 쓰고 '고글맨'이라는 닉네임으로 등장하던 제게 충격이 아닐 수 없었죠. 진지하게 유튜브를 그만둘지 말지를 고민하던 제게, 같이 일하던 '꼬르미'가 리액션 영상을 해보자는 제안을 던졌습니다.

외국 뮤직비디오를 보고 두 명의 한국인들이 반응하는 콘셉트의 영상인데, 처음부터 조회수가 심상찮더니 이내 급등을 시작했습니다. 처음에는 미국에서 조회수가 쏟아져 들어와 영어 자막을 추가했는데, 그다

음에는 브라질에서 10만이 넘는 조회수가 쏟아져 들어오자, 포르투갈어 자막을 추가했습니다. 2017년 봄에 브라질, 여름에 튀르키예, 2018년 봄에는 멕시코에서 채널이 크게 이슈가 되었고, 유럽과 미주 전역, 동남아시아에 이르기까지 조회수와 구독자가 쏟아져 들어왔습니다.

영상 조회수는 최대 150만에서 평균 10~40만을 기록했고, 구독자도 1달에 약 1만 5천 명씩 가파르게 증가하면서, 2018년 1월에는 구독자 10만 명을 돌파하고 실버 버튼까지 수령하게 됐습니다. 어쨌든 지금은 브라질과 튀르키예 구독자가 5만 명, 멕시코 구독자가 4만 명이 넘고, 17개 언어 자막을 기본적으로 제공하며, 대한민국은 물론 미국, 인도, 카자흐스탄, 인도네시아 중심으로 폭넓은 구독자층을 구축한 글로벌 채널이 되었는데, 처음부터 의도한 건 아니었습니다. 채널을 키우려고, 생존하려고 하다가 얻게 된 결과였어요.

2) 카테고리 전환, 그리고 힘들었던 시간

그런데 뮤직비디오의 경우 저작권 문제가 있습니다. 잘 아시겠지만, 영상 내에 뮤직비디오나 영화 등 저작권이 있는 화면이 송출될 경우, 해당 영상의 모든 수익은 오롯이 저작권자에게 돌아갑니다. 즉, 뮤직비디오 리액션 영상에서는 제가 수익을 단 1원도 가져갈 수 없는 구조인 겁니다.

그럼에도 불구하고 제가 뮤직비디오 리액션을 당분간 꾸준히 가져갔던 데에는, 어쨌든 채널 자체가 성장하는 동력이 됐기 때문입니다. 그때 제가 내렸던 판단은 이렇습니다.

동영상 실적 ⓛ
업로드 이후(전체 기간)

—
예상 수익

조회수   177.7만
조회수 1,000회당 수익(RPM)   —

더보기

① 구독자와 시청자가 늘어나면 당연히 내 팬도 생길 거다.
② 내가 정말 만들고 싶었던 여행 영상 역시 큰 도움을 받을 거다.
③ 다양한 시청자층의 입맛을 충족시킬 수 있는 다양한 영상을 나는 제작할 능력이 있다.
④ 어쨌든 5,200만 명 대한민국 시장보다는 잠재적으로 80억 명 타깃의 글로벌 시장이 더 크다.
⑤ 광고주들로부터 광고를 수주하는 데에도 유리할 거다.

이 판단들이 맞는지 틀리는지, 만약 틀렸다면 얼마나 큰 착오였는지는, 이어지는 챕터 '유튜브를 시작하는 사람들의 7가지 착각'과 '많은 사람들이 1년 안에 유튜브를 그만두는 5가지 이유'에서 의문점이 많이 해

소될 겁니다.

 하지만 뮤직비디오 리액션의 경우, 그 가수의 팬들이 시청하는 경향이 상대적으로 높습니다. 그들이 꾸준히 뮤직비디오를 댓글로 추천해 주기 때문에, 소재 고갈은 크게 걱정할 필요가 없었죠. 심지어 알아서 공유까지 해주니까, 영상 노출에도 더 유리합니다. 그런데 그들의 대부분은 〈훈타민〉의 팬이 아니라는 데 문제가 있었습니다. 리액션에서는 30~40만 조회수가 터지다가도, 여행을 올리면 조회수가 1천까지 떨어지는 현상이 반복됐습니다.

 뮤직비디오 리액션을 그만두려고 했음에도 불구하고 마땅히 대안을 찾지 못해서, 자체 콘텐츠와 리액션 병행 업로드를 거의 1년 이상 지속한 끝에, 2019년 5월 27일을 마지막으로 뮤직비디오 리액션을 완전히 그만뒀습니다. 그 이후부터는 어떻게든 제가 하고 싶었던 여행 카테고리를 다루려고 노력했고, 음식과 상품 리뷰 콘텐츠까지 함께 진행하는 구조로 갔습니다.

 지금은 '영상 카테고리를 변경하려면 채널을 새로 만들어라.'라는 결론이 거의 정설처럼 확립되었지만, 그때만 해도 채널 내에서의 카테고리 변경에 대해 논란이 많던 시기였습니다. 2019년 2월 유튜버 〈희철리즘〉의 강의를 들었을 때, 그분은 "여행 콘텐츠에 집중하기 위해 다시 시작하려고 기존 영상들을 모두 지웠다."라고 했습니다. 당시 〈희철리즘〉도 구독자 14만 명이 넘는 훌륭한 채널로 기억하는데, 이미 구독자 28만 명에 달하던 저로서는 기존 채널을 버릴 엄두가 나지 않았습니다.

 현재 기준 구독자 100만 명이 넘는 성공적인 여행 유튜버 〈희철리즘〉 채널을 보면서도, 지금 역시 저는 〈훈타민〉 채널을 버릴 용기도 없고, 그

럴 의사도 없습니다. 리액션을 그만둔 후 수십만에 달하던 조회수가 폭
락하면서 영상 노출이 급격히 줄어들었고, 해서 30만 명의 구독자라는
규모에 걸맞지 않은 불안정한 조회수의 상황을 계속 버텨내 왔지만, 솔
직히 매우 힘들었던 시간이었음은 분명합니다.

3) 30만 유튜버의 수익은 얼마나 될까?

얼마 전 프랑스 출신 방송인 파비앙이 유튜브 영상 수익을 직접 공개
하면서 화제가 된 적이 있습니다. 그가 밝힌 바에 따르면 1달 기준 조회
수가 약 132만 정도 나왔고, 수익은 약 240만 원 정도였다고 합니다. 그
나마도 한국인 시청자들이 상대적으로 많기에, 조회수 1당 거의 2원에
가까운 결과가 난 것으로 보입니다.

파비앙의 말처럼 1달에 채널 조회수 100만이 넘는다는 건 평범한 유
튜버들에게는 대단한 일입니다. 그런데 그조차도 겨우 최저임금 수준의
수익이라는 게 현실입니다. 게다가 파비앙처럼 직원을 고용하고 있는
경우, 여기서 인건비가 비용으로 지출되고, 저처럼 사업체를 운영하고
있다면 사무실 임대료를 비롯한 각종 비용도 추가로 발생하게 됩니다.

제가 2023년 올렸던 여행 영상 중 가장 좋은 반응을 얻었던 게 〈인도
네시아 여행 15편〉인데, 조회수는 26만을 넘겼습니다. 구독자 30만 명
이 넘는 제 채널의 규모에 비하면 적게 보이겠지만, 평범한 유튜버에게
영상 1편 조회수가 26만이 넘고 그로 인해 구독자가 865명이나 증가했
다는 건 대단히 좋은 성과입니다. 그런데 영상 수익은 22만 원 남짓에

동영상이 게시된 이후 조회수가 269,244회입니다

조회수	시청 시간(단위: 시간)	구독자	예상 수익 ⓘ
26.9만 ↑	**1.5만** ↑	**+865**	**₩229,909**
평소보다 21.0만 높음	평소보다 1.1만 높음		

● 현재 동영상   ● 일반적인 실적

불과합니다. 그나마 인도네시아 시청자 여러분께서 중간 광고까지 잘 봐주셨기에 잘 나온 금액이지, 외국인 시청자들의 비중이 많아지면 오히려 수익은 감소하게 됩니다. 광고 단가는 외국에 비해 한국이 유튜브에서도 매우 높은 편이기 때문입니다.

심지어 현재의 광고 수익도 몇 년 전에 비하면 많이 오른 겁니다. 2019년 11월에 업로드한 후 히트 쳤던 〈카자흐스탄 음식 체험〉은 2번이나 알고리즘을 타면서 조회수 84만을 넘겼는데, 수익은 고작 15만여 원에 불과했습니다. 이때는 일부 국가들의 광고 단가가 한국의 1/10에도 못 미쳤기 때문입니다.

각종 사이트에서 추정하고 있는 유튜브 채널들의 수익 규모보다, 실제 유튜버들이 얻는 조회수 수익이 훨씬 작은 게 현실입니다. 구독자 10만 명 이상에 제법 조회수가 나오고 있는 채널들도, 실제 조회수 수익은 최저임금에 미치지 못하는 경우가 태반입니다. 요즘이야 '구독자 O만 명이면 보통 한 달에 얼마를 번다더라.'라고 하는 단순한 루머는 예전보다 다소 줄어들었으나, 여전히 '유튜브를 하면 돈을 쉽게 번다.'라는 편견에서는 좀 벗어날 필요가 있습니다.

4) 훈타민 채널의 긍정적인 방향성

새로운 채널을 개설하거나 기존 채널을 포기하는 게 아니라면, 결국은 모든 상황에 정면으로 맞서고 해법을 찾아내는 수밖에 없습니다. 〈훈타민〉 채널 역시 다양한 위기 속에서도 어떻게든 버티고 생존할 수 있었던 데에는 여러 요인이 있었는데, 대표적인 세 가지를 추려보면 이렇습니다.

① 다양한 브랜디드 콘텐츠 영상 제작의 경험: 이 글을 쓰고 있는 지금까지 저는 정부 부처, 기업, 지방자치단체, 공공기관 등으로부터 총 109편의 브랜디드 콘텐츠 영상을 의뢰받거나 수주해서 제작했습니다. 영상 1편을 만드는 데 많은 시간과 노력이 필요한 걸 감안하면, 제가 〈훈타민〉 채널을 운영하는 영상 사업자로서 이러한 성과를 낼 수 있었던 건 가장 큰 자산이자 실적으로 여길 수밖에 없습니다.

② 여전히 존재하는 글로벌 구독자들: 물론 제대로 노출되기까지 시

간차가 발생하기는 했으나, 인도네시아 여행 영상이 좋은 반응을 얻을 수 있었던 건 몇 년 전부터 구독하고 있던 기존 인도네시아 구독자들이 영상을 봐주셨던 덕분입니다. 카자흐스탄 여행 영상은 안타깝게도 아직 현지 구독자분들께 노출이 잘 안된 걸로 보이지만, 기존 구독자가 분명히 존재하고, 영상이 크게 노출된 기록이 많은 채널이라면, 일시적인 조회수 불안정성을 떠나서 이후에 언제든 좋은 결과가 나타날 가능성이 다른 채널보다 높습니다.

③ 숏폼 영상의 강화 정책: 그동안 롱폼 영상 제작에만 집중하여 숏폼 영상 제작에는 큰 관심을 보이지 않았으나, 올해부터는 숏폼 영상을 강화할 계획에 있습니다. 마침 2022년부터 간간이 숏폼 영상을 올려왔던 덕분에, 국내 시청자 위주로 타게팅 자체는 매우 적합하게 되고 있습니다. 채널 활성화와 추가적인 비즈니스 활동에 숏폼 영상이 매우 중요하게 된 환경 변화는 저뿐만 아니라 많은 크리에이터에게 새로운 무기가 될 수 있습니다.

유튜브에서는 조회수가 잘 나오고 수익이 많으면 우선 성공이라고 합니다. 만약 조회수가 부족하더라도 이를 만회하고 생존할 수 있는 방법들도 있습니다. 그 부분은 '유튜버로 최소한 살아남기 위한 6가지 생존 방법' 챕터에서 자세히 다루려고 합니다.

그런데 경력이 오래된 유튜버일수록 온갖 쓰디쓴 실패를 맛봤을 가능성도 함께 증가한다고 저는 생각합니다. 사실 실패를 줄일 수 있다면, 자연스럽게 성공으로 가는 해법들이 나타나기 마련입니다. 이제 '유튜브를 시작하는 사람들의 7가지 착각' 챕터에서 그 문제점들을 살펴보겠습니다.

③

유튜브를 시작하는 사람들의 7가지 착각

1) '부업'으로 부담을 줄이면 성공한다?

본업이 있으면서도 부업으로 유튜브를 시작하려는 분들이 계십니다. 실제로 퇴근 후 하루 4시간 정도를 투자해서 유튜브 채널을 만들어 제법 성과를 냈다는 분들도 있습니다. 그런데 많은 분들이 결국 실패하는 이유는 간단합니다. 유튜버, 콘텐츠 창작자로 살아간다는 게 생각보다 매우 힘든 일이기 때문입니다. 이 부분은 '많은 사람들이 1년 안에 유튜브를 그만두는 5가지 이유' 챕터에서 상세하게 다뤄보려고 합니다.

영상 카테고리나 콘텐츠의 수준에 따라 다르겠지만, 초기 투자 비용을 줄이는 등 '단순히 부담을 줄이는' 게 결코 최선의 해법은 아닙니다. 사실 가장 적절한 해법은 '본업에 부합하는 유튜브 채널 운영'이라고 할 수 있습니다.

공장에서 특정 제품을 생산하고 있는 사업자, 직접 농사를 짓는 농업인, 남들과 다른 특별한 기술을 가진 분 등, 자신의 상품이나 재능을 바탕으로 영상을 만드는 채널을 운영하거나 커머스를 결합시킬 수 있다면 그게 가장 최선의 방법입니다. 그러나 본업과 전혀 무관한 카테고리의 유튜브 영상 제작을 위해 부업으로 시작한다면, 비용은 다소 줄일 수 있더라도 많은 노력과 고통을 감내할 수밖에 없다는 점은 분명히 말씀드립니다.

2) 1등을 잘 따라 하면 성공한다?

완전히 틀린 말은 아니지만, 사실상 틀린 명제로 봐야 합니다. 유튜브 영상에는 많은 카테고리가 존재합니다. 그리고 그 카테고리에서 손가락 안에 드는 유튜버들이 분명히 있습니다. ICT 제품 리뷰를 생각하셨다면 〈잇섭〉 채널을, 먹방을 생각하셨다면 〈쯔양〉 채널을 보셨을 거라고 생각합니다. 마찬가지로 제가 본격적으로 여행 콘텐츠를 강화하겠다는 결심을 굳히던 무렵에는 저 역시 〈빠니보틀〉, 〈곽튜브〉와 같이 국내에서 손꼽히는 채널들을 많이 참고하고 공부했습니다.

G 브랜드의 액션캠 하나만 들고 다니며 찍는 게 제가 6년간 해오던 촬영 방식과 너무 달라서 처음에는 혼란스러웠는데, 2023년에만 9번이나 외국을 다녀보니 톱급 여행 유튜버들의 촬영 방식이나 영상 구성은 물

론, 가끔씩 '저 때는 왜 저랬을까?'라는 개인적인 의문들이 상당히 풀렸습니다. 톱급 여행 유튜버들의 여러 가지 방식은 나름대로 '현장 최적화'가 되어 있던 겁니다. 저 또한 그 현장 최적화를 바탕으로 제가 풀어가고자 하는 내용을 기획하거나 구성하고, 현장에서 대응하기도 합니다.

하지만 여행 카테고리 내에서도 시청자들로부터 '너무 많은 여행 유튜버가 등장했고, 대부분은 톱급 여행 유튜버들을 모방한다.'라는 지적이 많습니다. 각자가 영상을 풀어가고자 하는 생각이나 외국어 능력도 다르고, 처한 환경이나 심지어 쓸 수 있는 자금이나 시간에도 차이가 있습니다. 그래서 1등을 잘 따라 하면 성공하는 게 아니라, '자신에게 맞는 최적의 방식을 찾는 게 성공의 가능성을 높여준다.'라고 하면 정확합니다.

3) 잘 생기거나 예쁘면 성공한다?

이 역시 완전히 틀린 말은 아니지만, 사실상 아니라고 봐야 합니다. 보통 많은 분들은 이 상황에서 '잘 생기거나 예쁘지 않아도 성공한다.'라며 반대의 성공 케이스를 예시로 드는 경우가 많습니다. 그런데 이건 두 가지 측면에서 접근해야 합니다.

첫 번째로는 '잘 생기거나 예뻐도 실패할 가능성이 높다.'입니다. 이미 유튜브는 물론 여러 소셜미디어에는 잘 생기고 예쁜 분이 너무나 많습니다. 그런데 여행 카테고리를 살펴보면, 국내 열 손가락 안에 꼽히는 분 중에서 잘 생기거나 예뻐서 많은 인기를 누리고 있는 분도 있지만, 외모와 무관하게 큰 사랑을 받는 분 또한 분명히 있습니다. 시청자들이 매력을 느끼게 하는 요인은 다양한데, 외모는 그 요인 중 하나일 뿐입니다.

어쩌면 가장 중요한 건, 두 번째 '영상에 부합되는 매력적인 캐릭터를 보유하고 있으면 성공할 가능성이 높다.'입니다. 영상의 흥미를 배가시키는 방향으로 외모를 활용한다면 효과적일 수 있습니다. 잘 생기고 훈훈한 이미지의 남성이 어려운 수학 문제를 풀어주면 어떨까요? 예쁘고 아름다운 이미지의 여성이 거친 바다 위에서 파도에 맞서가며 낚시를 한다면 어떨까요? 이런 요소들이 결합된다면 폭발적인 시너지를 낼 수 있습니다.

결국 잘 생기거나 예쁜 외모 자체가 성공의 길로 유도한다기보다, 자신의 영상 콘텐츠에 외모를 포함한 여러 요인이 얼마나 부합되느냐, 특히 무슨 캐릭터인가가 더 중요합니다.

4) 영상 촬영 장비가 좋으면 성공한다?

많은 분들이 유튜브 영상을 준비하거나 제작하는 과정에서 고가의 장비를 구매하고 싶은 유혹에 빠집니다. 풀 프레임 카메라, 고성능 마이크, 웬만한 바람에도 끄떡없는 드론 등등. 또한 그러한 높은 영상 품질을 기본적으로 요구하는 광고주나 발주처가 늘어난 것도 현실입니다.

그러면 여러분의 영상에는 무슨 장비가 필요할까요? 만약 여러분께서 자연 다큐멘터리를 촬영한다면 최고급 카메라가 도움이 됩니다. 50미터 앞에서 뛰어가다가 먹이를 낚아채는 표범의 모습을 생생하게 담을 수 있겠죠. 씹는 소리는 물론 숨죽이며 침 삼키는 소리까지 콘텐츠가 될 수 있는 ASMR에서는 두말할 필요 없이 고성능 마이크가 필요합니다. 직접 메이크업을 하는 뷰티 크리에이터에게는 성능 좋은 조명에 대한 유혹도 빠질 수 없습니다.

하지만 대부분의 크리에이터에게 고가 장비의 필요성은 점점 줄어들고 있습니다. 심지어 액션캠과 휴대폰의 성능이 점점 좋아지고 있어서, 저조차도 보유하고 있는 고급 DSLR 3대가 2023년부터는 거의 놀고 있는 지경에 이르렀습니다. 아직도 비싼 카메라를 그럴싸한 짐벌에 장착해서 찍어야 영상 전문가라고 생각하는 일부 광고주들이 계시기는 하지만, 유튜브만 생각한다면 영상 촬영과 녹음 품질에 드는 돈을 아끼고, 남는 걸 콘텐츠 기획과 구성에 투자하는 게 훨씬 낫습니다.

5) 주변에서 재밌다고 하면 성공한다?

보통 영상을 만들어서 주변 분들께 보여드리면 '재밌다.'라고 해주시는 경우가 많은데요, 저도 자주 듣는 얘기입니다. 만약 친구들과 함께 여럿이서 영상을 촬영했다면? 당사자들은 당연히 재밌다고 할 확률이 매우 높습니다. 심지어 친구들의 주변 사람들도 재밌다고 할 겁니다. 그런데 이건 영상이 객관적으로 정말 재밌어서 나오는 반응이라기보다, '아는 얼굴'이 영상에 등장했기에 더 재밌다고 느껴져서일 확률이 더 높습니다.

우리가 방송 예능을 보면 재밌다고 생각하는 이유는 영상 속에 우리가 알고 있는 연예인이 출연하기 때문입니다. 그런데 일반 시청자들에게 여러분은 그냥 '모르는 사람'이고, 특별한 이유가 없다면 여러분의 영상을 군이 찾아서 볼 이유도 없습니다. 여러분을 모르는 사람이 여러분의 영상을 보게 만들려면, 객관적으로 '재미'를 포함해 시청자의 욕구를 충족시킬 수 있는 다양한 요소들이 영상에 녹아 있어야 합니다.

6) 다양한 영상을 편성하면 성공한다?

만약 여러분께서 100인치 신형 TV를 멋지게 리뷰하고, 생생한 사운드로 ASMR을 해내며, 각양각색의 종이접기를 연출할 수 있는 능력자라고 가정해 봅시다. 많은 분들은 '다양한 연령, 성별, 계층의 시청자들이 몰려들어 채널이 북적이겠네.'라고 착각에 빠질 수 있습니다. 심지어 여러분이 저 세 가지 영상을 각각 모두 잘 만든다고 해도 마찬가지입니다.

100인치 TV 리뷰 영상이 성공적이었다고 가정해 봅시다. 가전제품에 관심이 많은 시청자들이 유입될 수도 있습니다. 그런데 갑자기 ASMR이 올라옵니다. 다음에는 뜬금없이 종이접기가 올라옵니다. 먼저 유입된 기존 시청자들의 관심이 줄어들면 노출 클릭률(CTR)이 떨어지고, 영상의 시청 지속 시간 비율(retention)도 떨어질 수밖에 없습니다. 이는 개별 영상 노출의 저하로 연결되고, 채널 자체의 노출 알고리즘에 타격을 주는 매우 부정적인 결과로 이어집니다.

만약 여러분께서 3가지 영상 콘텐츠를 모두 잘 만들 수 있는 능력자시라면, 3개의 채널을 각각 별도로 운영하셔야 합니다. 이런저런 종류의 영상이 복잡하게 섞인 채널에서는 노출과 조회수의 저하라는 어려움에 반드시 빠질 수밖에 없습니다.

7) 외국으로 진출하면 성공한다?

대한민국의 인구는 약 5,200만 명이고 전 세계 인구는 80억 명을 넘으니, 외국으로 진출해야 더 넓고 큰 시장에 도달할 수 있다며 글로벌 진출을 권유하는 사람들이 많습니다. 이미 이전 챕터에서 이 접근이 크게 잘못됐음을 아셨겠지만, 더 구체적으로 들어가 보겠습니다.

제가 아는 유튜버 중 〈코레아니시마 엘레나〉(구독자 약 121만 명)의 경우, 대학생 시절 브라질로 교환학생을 다녀왔고, 그때 배운 포르투갈어를 잊어버리는 게 너무 아까워서 공부 겸 취미로 채널을 만들었다고 합니다. 〈YUNA NUNA〉(구독자 약 64만 명)의 경우에도 대학교에서 전공한 언어를 바탕으로 현지에서 주로 활동하는 경우입니다. 두 분은 한국에서도 인지도가 높지만, 각각 브라질과 인도네시아에서 훨씬 더 많은 팬들을 보유하고 있습니다. 유창한 언어 구사 능력으로 소통에 장벽이 없고, 그 나라의 문화 또한 잘 이해하고 있는 게 가장 큰 장점이자 경쟁력입니다.

다양한 음식 및 식재료의 제조 과정을 보여주는 〈푸드킹덤〉(구독자 약 452만 명) 채널에서도 외국어로 된 수많은 시청자들의 댓글들을 볼 수 있습니다. 언어라는 장벽 없이 화려한 장면들과 그에 맞는 현장음으로 누구나 영상을 즐길 수 있기 때문입니다. 이러한 비언어 기반의 콘텐츠 역시 성공할 확률이 상대적으로 높습니다.

하지만 번역 기술이 매우 좋아진 현재에도 언어의 장벽은 분명히 존재하고, 각국의 시청자들이 느끼는 관심도의 차이는 사실상 더 큰 장벽입니다. 만약 외국인들이 여러분의 캐릭터나 보유하고 있는 기술(먹방, ASMR 등)에 관심을 가졌다면 글로벌 진출은 큰 도움이 될 수 있습니다. 그러나 언어, 문화 및 관심사 등의 장벽이 존재하는 대부분 영상 콘텐츠에서 글로벌 진출은 번역 비용의 증가와 자막 작업이라는 수고로움만 더해지고, 조회수 당 수익(RPM)은 감소하는 문제점만 발생하게 됩니다.

사실 '유튜브를 시작하는 사람들의 7가지 착각'은 매우 기초적인 수준의 실패 사례에 지나지 않습니다. 이러한 착각들을 거의 하지 않았음에도 생존 자체를 위협받고 있는 유튜버시라면, 다음 '많은 사람들이 1년 안에 유튜브를 그만두는 5가지 이유' 챕터에서 그 원인을 찾아볼 수 있습니다.

④

많은 사람들이 1년 안에 유튜브를 그만두는 5가지 이유

▶

1) 꾸준히 이어 나아갈 소재 고갈

유튜브를 처음 시작할 때, 내가 무슨 영상 콘텐츠를 제작할지에 대해 누구나 준비합니다. 그런데 유튜브에서는 '최소 1주일에 1편 이상 제작'을 권장하고 있습니다. 1년이 약 52주니까, 6개월에 26편 이상, 1년에 52편 이상의 영상을 제작해야 되는데, 그게 생각만큼 결코 쉽지가 않습니다.

특히 새로 채널을 개설하는 경우, 최소 1년 정도의 계획이 준비되어 있어야 하는데, 바꿔 말하면 최소 50개 이상의 영상 소재가 미리 준비되어 있거나, 그걸 지속적으로 발굴하며 제작할 수 있는 능력이 있어야 한다는 겁니다.

'우선 몇 개만 준비하고, 나머지는 해나가면서 하나하나 준비하자.'라고 할 수도 있습니다. 그런데 어느 시점에서 지칠 수도 있고, 아이디어가 안 나올 수도 있으며, 새로운 소재 자체를 발견하기 어렵게 될 수도 있습니다. 심지어 준비한 콘텐츠들이 시장에서 좋은 반응을 얻지 못하게 되면 고민은 더욱 커질 수밖에 없습니다. 그러므로 유튜브를 시작하기 전에, 내가 이 영상 카테고리와 포맷을 바탕으로 100여 개, 그 이상의 콘텐츠를 준비할 수 있거나, 또는 이후에 지속적으로 생산할 수 있는지에 대한 확신이 먼저 있어야 합니다.

2) 불안정한 조회수와 소득

유튜브에서의 노출 알고리즘은 계속 바뀌고 있습니다. 제가 본격적으로 활동을 다시 시작한 2017년부터 올해(2024년)까지를 봐도, 비슷한 흐름이 1년 이상 유지되는 경우가 사실상 없다고 할 정도로 변화가 심합니다. 영상 노출과 조회수에 변수가 점점 더 많아지고 있기 때문입니다.

직접 아는 분은 아니지만, 한 다리 건너서 들었던 어느 유튜버의 사연을 기억합니다. 처음 채널을 시작한 후 조회수로부터 나오는 소득이 월 300만 원을 넘기면서 다니던 회사를 그만두고 전업 유튜버로 나섰는데, 어느 순간 이유도 없이 갑자기 조회수가 폭락하더니 월수입이 100만 원도 채 되지 않게 되어서 몇 달 정도를 더 버티다 보유한 장비를 모두 청산하고 그만뒀다는 내용이었습니다.

예전에는 상대적으로 규모가 작은 채널에서만 일어났던 일인데, 최근에는 구독자 100만 이상의 대형 채널에서도 드라마틱한 조회수 폭락 및 수익 저하가 일어나면서 많은 대형 유튜버들이 당황하고 있습니다. 월 평균 조회수가 1/4로 떨어졌다, 소득이 몇 토막 났다는 사례가 빈번해지고 있습니다. 채널에 뚜렷한 이슈가 있던 것도 아니고, 영상 콘텐츠나 업로드 빈도에 문제가 생긴 것도 아니었습니다.

불안정한 상황을 탓만 할 수는 없습니다. 가장 정확한 건 '유튜브 조회수 수익만으로 미래 소득을 예상하고 계획을 수립'하는 게 이제는 대단히 위험한 일이 되었다는 걸 받아들이는 겁니다.

3) 지속적으로 바뀌는 시청 트렌드

예전에도 유튜브 영상 섬네일에 대한 여러 가지 법칙이 있었습니다. 화려한 폰트와 색감으로 현란하게 꾸민 섬네일이 각광받던 때가 있었고, 단순한 폰트와 시인성 좋은 색감이 좋은 섬네일로 인정받던 때도 있었습니다. 영상도 마찬가지로, 제목 문구에 무슨 키워드를 넣는가를 비롯해, 영상 길이와 구성에 대한 법칙도 있었습니다. 그 모두가 당시 시청자들의 트렌드를 분석하고 반영한 결과입니다.

최근의 가장 큰 변화는 쇼츠(Shorts)라고 불리는 숏폼 영상의 대두입니다. 유튜브에서도 쇼츠의 등장 자체로 영상 노출과 콘텐츠 구성에 큰 변화가 일어났습니다. 이제는 숏폼 시청자 비중이 70% 이상으로 늘어나면서 시청 트렌드가 더욱 변화무쌍하게 바뀌고 있기에, 롱폼 영상 역시 그에 준하여 바뀔 수밖에 없는 게 현실입니다.

코로나 사태 이후 많은 카테고리에서 시청 트렌드가 변화한 점도 꼽을 수 있습니다. 가령 여행 카테고리에서 예전에는 대리만족이나 새로운 장소에 대한 호기심 충족 비중이 컸다면, 현재는 직접 외국으로 나가기 전 정보를 얻으려는 시청 비중이 예전보다 더욱 증가했습니다.

롱폼 영상에 대한 수요도 크게 변화했습니다. 정보 습득, 호기심 충족, 짧은 길이의 영상, 자극적인 콘텐츠에 대한 수요는 대부분 숏폼으로 이동하면서 롱폼 영상의 전반적인 노출과 조회수가 크게 떨어진 건 사실이나, 긴 호흡으로 즐기는 시청자들은 오히려 30~40분 이상의 영상을 선호하는 등 극과 극의 양상이 나타나고 있습니다. 이렇게 큰 폭으로 자주 바뀌는 트렌드 변화에, 1인 콘텐츠 창작자가 지속적으로 따라가고 부합하는 영상을 만든다는 건 현실적으로 매우 어려운 일임에 분명합니다.

4) 더욱더 심해지는 경쟁

예전에는 방송국과 유튜브 간의 경계가 뚜렷했습니다. 그런데 어느 시점부터 그 경계가 무너지기 시작하면서, 몇 년 전부터는 방송 프로그램의 유튜브 버전을 보는 시청층과 일반 유튜버 영상을 보는 시청층으로 나뉘기 시작했습니다. 시청했던 영상과 비슷한 영상을 피드에 띄워주는 유튜브 알고리즘의 특성상 방송 프로그램 유튜브 버전으로 옮겨간 시청자의 수만큼 개인 유튜버들의 몫은 줄어든 게 사실이었습니다.

게다가 이제는 연예인 스스로가 직접 채널을 만들면서 유튜브에 대량 진출하고, 일부 스타급 유튜버는 방송에 진출해서 인지도를 더 높이는 방향으로 가고 있습니다. 방송국 출신의 노련한 제작자들도 대거 뛰어들면서, 이제는 유튜버가 대중적으로 인지도 높은 연예인들, 그리고 검증된 실력과 기술을 보유하고 있는 PD 출신 제작자들과 동시에 경쟁해야 하는 지경에 이르렀습니다.

쇼츠의 시청 비율이 대폭 증가하면서, 짜깁기 형 영상을 양산하는 채널들도 많아졌습니다. 예전에는 가짜 뉴스를 생산하는 공장형 롱폼 채널들이 문제였으면, 최근에는 기존의 유명한 영상들이나 장면들을 짜깁기하여 만든 공장형 숏폼 채널들이 이슈가 되고 있습니다. 여기에 더해 AI가 발전하면서, 돈벌이 수단으로 동시에 수십 개 이상의 비슷한 채널들을 운용하며, 장면과 음성만 조금씩 다른 영상들을 기계적으로 생산하고 업로드하는 자들도 크게 늘었습니다.

이러한 환경들이 1인 미디어 콘텐츠 창작자들에게 큰 위협이 되는 건 분명합니다. 경쟁에서 쉽게 도태될 수 있고, 한번 넘어진 크리에이터가 다시 일어서기 어려운 상황이라는 건 확실히 악재입니다.

5) 감당하기 어려운 시간과 비용

1인 크리에이터, 혹은 소상공인 수준 사업자의 경우, 지출할 수 있는 비용과 시간에는 제약이 있기 마련입니다. 사업자의 경우, 사무실이 필요하므로 임대료 비용이 따르게 되고, 저처럼 정규 직원을 고용하는 경

속초에서
꼭 가봐야 할 곳
BEST 9
BEST 9 Tourist Attractions in Sokcho

우에는 인건비 지출도 따를 수밖에 없습니다. 그게 아니라면 정말 혼자 모든 걸 다 해야 하는, 말 그대로 '1인 콘텐츠 창작자'가 되어야 하는데, 그게 결코 쉽지 않습니다.

2021년 3월, 속초에서 2박 3일간의 촬영을 바탕으로 여러 영상을 제작했는데, 그중에 〈속초 여행 꼭 가볼 만한 곳 베스트 9〉 영상은 조회수 약 7만 3천을 기록했습니다. 한국인 시청자 비율이 91%를 넘고, 노출 클릭률도 10%를 넘겼던, 나름대로 괜찮은 퍼포먼스를 낸 영상 중 하나였습니다. 그런데 이 영상 조회수를 통해 얻은 수익은 15만여 원에 불과합니다. 사무실 임대료나 직원 인건비를 계산하지 않고, 순수 2박 3일 속초 촬영에 소모된 비용만 60만 원이 넘었던 걸 생각해 보면, 자체 콘텐츠를 만든다는 게 시간과 비용 측면에서 얼마나 어렵고 힘든 일인지 알 수 있습니다.

기업이나 지방자치단체에서 꾸준히 광고를 수주할 수 있으면 가장 좋고, 채널을 활용한 영상 제작업이나 커머스 사업과 연관시킬 수 있어도 훌륭합니다. 그러나 그러한 외부 기회를 거의 알지 못하거나 수주하지 못한다면, 오직 유튜브 영상 조회수에만 기대야 하는 상황이라면, 투자한 비용과 시간에 대비해서 노력만큼의 소득을 거두기 어려운 게 사실입니다.

여기까지 읽으신 분들이라면, 이전의 챕터들에서 힘들고 부정적인 내용에 힘이 많이 빠지셨을지도 모르겠습니다. 그러나 열심히 생존을 위해 노력하고 있는 유튜버, 콘텐츠 크리에이터라면 누구나 알만한, 누구나 공감할 만한 사실입니다. 우리는 그걸 다시 한번 적나라하게 마주한 것뿐입니다. 이제 다음 챕터에서부터는 이 책의 제목에 걸맞은 현실적인 해법들을 다뤄보려고 합니다.

⑤

유튜버로 살아남기 위한 5가지 생존 방법

1) 브랜디드 콘텐츠 또는 PPL 제작

유튜버로서의 생존에 있어 가장 큰 요인은 '돈'이라고 할 수 있지만, '콘텐츠' 역시 무시할 수 없습니다. 자신의 영상 콘텐츠를 재밌게 봐주는 시청자가 줄어든다면 채널 유지를 하기 어려워지고, 수익을 올릴 수 있는 기회를 찾기는 더더욱 어려워지니까요.

이 점에서 돈과 콘텐츠 모두를 잡을 수 있는 '브랜디드 콘텐츠' 제작은 매우 매력적인 방법입니다. 브랜디드 콘텐츠는 유튜버의 영상 콘텐츠 내에 자연스럽게 브랜드 광고 콘텐츠가 결합되는 형태로, 광고주에게 납품하는 영상이 아니라 내 채널에 올라가는 내 소유의 영상입니다. 유튜버의 창작 활동을 방해하지 않으면서도 시청자의 공감이나 흥미를 불러일으킬 수 있다는 장점이 있으므로, 잘만 만든다면 훌륭한 영상 콘텐츠 소재가 될 수도 있습니다.

PPL은 영상 내에서 비교적 짧은 시간에 자연스럽게 노출된다는 점에서 브랜디드 콘텐츠와 약간의 차이가 있습니다. 간단히 예를 하나 들어 볼까요? 제가 어느 지방자치단체로부터 '강릉 내 여행지 7곳을 홍보하는 영상 1편을 만들어 달라.'라는 의뢰를 받고, 그 여행지 사이에서 '요즘 뜨는 핫한 여행지'라는 요소를 발견하여 〈강릉에서 요즘 뜨는 핫한 여행지 베스트 7〉이라는 영상을 만든다면, 이 영상은 그 지방자치단체의 브랜디드 콘텐츠 영상이 됩니다.

그런데 제가 〈속초 당일치기 여행〉이라는 영상을 촬영하기 위해 직접 자동차를 운전해서 가는데, '카본을 확실하게 제거해 주는 연료 첨가제 A'를 넣었더니 연비도 좋아지고 소음, 진동이 감소했다는 내용이 영상에 짧게 삽입된다면, 그 첨가제를 생산하는 업체의 PPL이 포함되는 겁니다. 해서 PPL의 경우 브랜디드 콘텐츠보다 다소 내용이 간단하고 분량이 짧으며, 브랜디드 콘텐츠에 비해 몇 분의 1 수준의 가격으로 형성된다는 차이가 있습니다.

제가 여행 유튜버로 활동하면서 여행과 음식에 관한 영상들을 주로 올리고 있기 때문에, 만약 저런 광고 제의가 들어온다면 제 채널에도 부합되는 훌륭한 영상을 만들 수 있습니다. 그런데 미혼 남성인 제게 '유아용 카시트' 광고 제의가 들어온다면, (그마저도 훌륭히 소화해 낼 자신은 있습니다만) 정말 기발한 영상 소재나 구성이 아니라면 일반적으로는 광고주든, 시청자든 고개를 갸웃거리실 수밖에 없겠지요. 해서 브랜디드 콘텐츠는 채널과 영상의 정체성과도 밀접한 연관성을 가지게 됩니다.

PPL 또한 속성은 브랜디드 콘텐츠와 크게 다르지 않다고 봤을 때, 저는 이 브랜디드 콘텐츠 영상 제작이 유튜버에게 있어 가장 중요한 방법이라고 말씀드립니다. 이 내용에 대해서는 이어지는 챕터 6에서 더 자세히 다뤄보겠습니다.

2) 커머스 수행

유튜브를 비롯한 미디어는 하나의 수단이고, 현실적으로 돈을 벌기 위해서는 유무형의 상품을 판매해야 한다고 주장하는 분들이 있습니다. 사실 맞는 말씀입니다. 그렇다면 유튜버로서 접근할 수 있는 커머스에는 어떤 게 있을까요?

① 자신의 본업과 관련된 유무형의 상품 판매
② 타사의 제품을 위탁 또는 사입의 형태로 판매

여기서 두말할 필요도 없이 유리한 건 바로 ①번입니다. 예를 들어서 의류 공장을 보유하고 있고 거기서 다양한 의류 생산이 가능하다면, 패션을 다루는 유튜브 채널을 운영하는 데 최적의 조건이겠지요. 트렌드는 물론 여러 패션 정보를 제공하면서, 결국 자신의 의류 브랜드나 제품을 홍보할 수 있기 때문입니다.

의사, 변호사 등 전문성을 가진 분들도 해당됩니다. 자기 분야의 전문

지식을 활용해서 정보를 제공하기도 하고, 컨설팅이나 강의와 연계시키거나 방송에 출연하는 경우도 있습니다. 하지만 위와 같은 조건에 부합하는 분들은 많지 않기에, 저처럼 별도의 상품을 보유하고 있지 않은 유튜버들은 다른 방법을 찾을 수 있습니다.

최근에는 위탁 판매가 늘어나고 있는데, 전문 업체가 준비한 상품 리스트 중에서 유튜버가 선택하고, 이를 일반 영상, 실시간 방송, 스토어 등을 활용해 시청자로부터 구매를 이끌어 내면, 고객 응대 및 상품 발송까지 해당 업체가 대행해 주는 방식입니다. 초기 금액이 들지 않고, 판매한 건에 대해 수수료 수익을 얻을 수 있기에 좋은 방법 중 하나입니다. 다만 대다수 유튜버들은 충분한 수익을 얻기 어려운 게 현실입니다.

유튜버의 영상을 보고 특정 링크를 클릭해 시청자가 제품을 구매하는 경우, 또는 실시간 방송을 보고 제품을 구매(라이브 커머스) 하는 경우, 두 가지로 접근해 보겠습니다. 수수료는 업체나 제품에 따라 모두 다르지만, 매출액의 몇 % 이내로, 보통 10%를 넘지 않습니다. 그런데 정말 잘 나간다는 극소수 인플루언서 또는 연예인의 경우를 제외하면, 웬만큼 잘 한다는 유튜버들의 경우에도 1회 매출 100~500만 원 구간을 넘기기가 현실적으로 어렵습니다. 그렇다면 유튜버들이 기대할 수 있는 수익은 불과 50만 원 이내, 경우에 따라서는 몇만 원 수준이라는 얘기가 됩니다.

'이 상품을 팔면 돈이 될 거 같아서', 마구잡이로 여러 제품을 섞어 커머스를 진행하다 보면, 시청자들은 단번에 그 의도를 알아채게 됩니다. 해서 커머스를 성공시키고 싶다면 ① 어느 카테고리의 무슨 상품을 선택하여 판매할지, ② 거래하려는 업체를 신뢰할 수 있는지는 물론, 시청자들이 신뢰를 갖고 꾸준히 구매할 수 있도록, ③ 자신과 채널, 영상 콘텐츠와 상품을 모두 결합시키는 퍼스널 브랜딩에 대해 진지하게 고민해야 합니다.

사입의 경우는 보통 쇼핑몰을 가지고 계신 분들이 진행하는데, 매출액 대비 수수료만 받는 게 아니라 제품 판매 마진을 모두 가져갈 수 있다는 장점이 있겠지만, 쇼핑몰 또한 어느 정도 고객 수요를 확보한 상태로 꾸준히 운영 중인 게 아니라면, 유튜버가 수익을 목적으로 새로 뛰어들기에는 너무나 어려움이 큽니다.

3) 사람들이 원하는 영상 만들기

정말 많은 유튜버들이 궁금해하거나 고민하고 있는 질문 중 하나가, '내가 만들고 싶은 영상'과 '사람들이 원하는 영상' 사이에서 어떻게 가야 할까입니다.

안타깝게도 저는 '사람들이 원하는 영상'이 정답에 더 가깝다고 생각합니다. '사람들이 원하는 영상'에는 '사람들이 원하는' 소재나 구성 방식 등이 모두 포함됩니다. 만약 내가 만들고 싶은 영상이 사람들이 원하는 영상과 거의 같다면 문제가 없겠으나, 대다수 어려움을 겪는 유튜버의 경우, '내가 만들고 싶은 영상'을 만들었는데 사람들이 봐주지 않아서 걱정인 경우가 많습니다. 일부 정치인들은 자신의 정책이나 생각이 매우 옳고 훌륭한데 사람들이 몰라준다는 판단으로, 지지자들에게 'SNS를 통해 무조건 퍼 날라라.'라고 지시하는 경우도 있습니다.

제가 유튜브를 처음 시작할 때도 그렇게 생각했습니다. '전 세계 100명 중 1명은 내 영상을 좋아해 주지 않을까? 그러면 1억 명에게 노출하면 100만 명이 볼 테니까.' 그런데 그런 일은 결코 일어나지 않습니다. 100명 중 최소 5~8명 이상이 관심을 갖고 클릭하는 영상이 아니라면 유튜브는 거의 노출을 시켜 주지 않기 때문입니다. 같은 시간에 유튜브는 100명 중 10명, 20명이 클릭하고 좋아해 주는 다른 채널의 영상을 더노출시켜 줍니다.

그럼에도 불구하고 콘텐츠 창작자로서 유튜버는 내가 만들고 싶은 영상에 대한 욕심이 있습니다. 해법은 있습니다. 사람들이 원하는 영상을만들되, 내가 만들고 싶은 영상의 요소를 조금씩 녹이거나, 또는 내가 만들고 싶은 영상을 사람들이 원하는 영상에 맞춰 바꾸는 방법뿐입니다.

4) 자신의 캐릭터 구축

영상 콘텐츠만큼이나 채널에서 가장 중요한 건 (영상에 직접 출연하신다는걸 전제로) 여러분의 캐릭터입니다. 방송 예능 프로그램에도 새로운 인물이 출연하면 캐릭터부터 잡으려고 애를 쓰는 데는 이유가 있습니다.

자신이 운영하는 약국에서 수많은 약들을 배경으로 약에 대한 정보를알려 주는 약사, 덥수룩하게 수염을 기르고 시골에서 가마솥 뚜껑에 고기를 산적처럼 구워 먹는 사람…. "유튜버 하면 누가 제일 먼저 떠오르세요?"라고 물었을 때 사람마다 답변은 제각각이겠지만, 보통 우리는이런 특정한 이미지가 떠오르는 사람들을 먼저 기억하고 대답하기 쉽습니다.

독특한 말투나 음성이 될 수도 있고, 출연할 때마다 보여주는 꽁트가 될 수도 있으며, 채널에서 사용하는 소품이 될 수도 있고, 인상적인 표정이나 행동이 될 수도 있습니다. 캐릭터라는 건 꼭 외모의 특징만을 지칭하는 게 아닙니다. 자기 자신을 잘 표현해 줄 수 있으면서 시청자들에게 효과적으로 각인되는 핵심 이미지를 말합니다. 만약 그러한 캐릭터가 적절하게 구축되지 않았다면 채널 운영 및 유지에 많은 어려움을 겪게 됩니다.

5) 트렌드 따라가기

트렌드 또한 무시할 수 없는 요소입니다. 특히 시각과 청각이라는 우리의 감각을 자극하는 '영상'에서 트렌드를 따라가지 못하면, 이에 민감한 시청자들로부터 선택을 받지 못하게 되고, 노출이 줄어들면서 조회수가 떨어지는 현상으로 이어지게 됩니다. 영상의 소재, 길이, 구성 방식, 빠르기, 삽입되는 효과의 수량과 유무, 섬네일의 디자인까지, 트렌드가 적용되는 요소는 너무나 많습니다.

물론 이러한 트렌드의 영향을 잘 받지 않는 채널도 분명히 있습니다. 가령 저도 자주 보는 〈소박사TV〉 채널의 경우, 말이 빠르거나 장면들이 현란하게 바뀌지도 않고, 구성 방식도 비슷한 형태를 유지합니다. 그러나 많은 사람들이 관심을 가지는, 심지어 날마다 내용이 바뀌는 '날씨'라는 소재를 전문가의 실력으로 매우 훌륭하게 다루고 있기에, 그 자체로 매우 강한 채널 경쟁력을 가지고 있습니다. 이러한 소수 경우를 제외하면, 대부분의 유튜버들은 트렌드를 중요하게 여기고 따라가야 할 수밖에 없습니다.

진심은 언젠가
이깁니다

사실 지면만 허용된다면 광고주 여러분께 드리고 싶은 얘기도 있고, 크리에이터 여러분을 위한 '브랜디드 콘텐츠 제작의 모든 것'도 알려드리고 싶었습니다. 언제 다시 기회가 될지는 모르나, 인연이 닿는다면 강의로, 또는 별도의 책자로 찾아뵙도록 하겠습니다.

글로벌 채널을 운영하면서 전 세계 각국의 시청자 여러분으로부터 많은 사랑을 받은 건 대단히 감사한 일이지만, 결국 '한 가지 확실한 주제'가 확립되지 않은 채널에게는 독으로 다가옵니다. 특히 '국가'의 개념이 들어가는 경우에는 더욱 그렇습니다.

〈훈타민〉의 경우 2017년에 브라질과 튀르키예(터키), 2018년에 멕시코로부터 큰 호응을 얻었고, 각각 5만, 5만, 4만 이상의 구독자를 보유하게

용평 스플래시 2024 - 얼음물을 건넌 성공자들 ⋮

조회수 68만회 • 3개월 전

🌐 ⤴ 👍 1.2만 💬 81

용평 스플래시 2024 - 희한한 컨셉 ⋮

조회수 170만회 • 3개월 전

🌐 ⤴ 👍 3.2만 💬 154

용평 스플래시 2024 - 화려한 입수자들 ⋮

조회수 8.8만회 • 3개월 전

🌐 ⤴ 👍 1천 💬 13

용평 스플래시 2024 - 신박한 의상 ⋮

조회수 791만회 • 3개월 전

🌐 ⤴ 👍 15만 💬 1.5천

용평 스플래시 2024 - 파격적인 퍼포먼스 ⋮

조회수 117만회 • 3개월 전

🌐 ⤴ 👍 2.6만 💬 164

용평 스플래시 2024 - 훈타민 퍼포먼스 ⋮

조회수 3만회 • 3개월 전

🌐 ⤴ 👍 284 💬 4

됐지만, 그분들의 입맛을 충족시키는 영상을 지속적으로 업로드하지 못하면 조회수는 어느 순간에 폭락하고, 노출 또한 줄어들면서 결국 모든 국가에게로의 노출이 줄어드는 상황을 맞이합니다. 소위 말해서 '망한 채널'이 됩니다. 〈훈타민〉 역시 여러 전문가로부터 '회생이 불가능해 보인다, 버리고 새 채널을 만들어라.'라는 조언을 지난 4년간 수십 차례나 들었습니다.

저는 채널이 다시 활성화되는 게 결코 불가능하다고 판단하지 않았습니다. '용평 스플래시'로 잘 알려진 모나 용평 '발왕수플래시'의 경우, 유료로 홍보비를 받고 촬영한 게 아니었습니다. 2009년부터 용평리조트에 다니며, 2014년부터는 시즌권을 구매해서 스노보드를 즐기는 마니아였고, 2020년에 '발왕산 스카이워크 홍보왕 기자단'으로 한번 선정된 것 외에 비즈니스적인 인연은 전혀 없었거든요.

만약 모나 용평으로부터 브랜디드 콘텐츠 제안을 받았다면 어땠을까요? 2023년 틱톡에서 약 50만, 인스타그램 릴스에서 약 13만의 조회수를 기록하기는 했지만, 유튜브에서는 고작 1~2만에 그쳤습니다. 사업 용역에서 일부 심사위원들이 그렇게 좋아하시는 'KPI' 개념을 도입해 제안서를 썼다면 목표 조회수 3~4만 정도를 기재했겠지요. 이 원고를 쓰는 날 기준으로 영상 하나는 조회수 800만을 향해, 어느 하나는 200만을 향해 가고 있습니다.

물론 제 모든 영상이 성공적인 건 아닙니다. 그러나 '발왕수플래시'의 경우 유료 브랜디드 콘텐츠가 아니었지만, 제가 좋아하고 매년 겨울마다 다니는 모나 용평을 사랑하는 마음으로 촬영하고 제작했으며, 제 채널 〈훈타민〉 또한 결국 이전 전성기를 넘어서는 수치를 기록할 거라는 확신을 갖고, 꾸준히 진심으로 콘텐츠 제작에 임해 왔을 뿐입니다.

진심이 지금 당장 이긴다고 보증해 드릴 수는 없습니다. 그러나 저는 결국 진심이 이긴다고 믿습니다. 진심으로 생존을 위해 싸우고 있는 여러 사업자 및 광고주 여러분, 그리고 크리에이터 여러분의 건승을, 저 또한 진심으로 기원하며 돕겠습니다. 언젠가 어딘가에서 또 만나 뵙겠습니다!

가온파의 힐링하우스 이야기

①

어쩌다
건축 유튜버가 되었나?

▶

안녕하세요. 전원주택 건축 유튜버로 활동 중인 가온파, 김영대입니다. 2018년 10월 1일, 저희 집 앞마당에서 LG V30 스마트폰을 세워두고 쪽대본도 없이 키워드 몇 개만 적어 놓고 어색한 표정으로 첫 촬영을 시작해 어느덧 실버버튼의 7년 차 유튜버가 되었네요. ^^

사실 저도 이렇게 길게 유튜버로 활동하리라고는 생각지 못했답니다. 40대 초반에 조금 이른 귀촌을 하여, 전원주택에서 생활하는 모습들을 블로그 포스팅하듯이 소소하게 영상으로 기록하여 업로드하기 시작했습니다. 저는 그저 제 영상을 봐주시는 분들이 귀촌에 대해 긍정적인 생각을 하게 되었으면 했고요. 그로 인해 좀 더 많은 사람들이 복잡한 도시 생활을 떠나 전원생활을 즐겼으면 좋겠다는 마음으로 스마트폰의 녹화

첫 업로드 영상 "전원생활을 담을 가온파의 힐링라이프를 소개합니다."

버튼을 눌렀을 뿐이랍니다. 그런데 어느새 여기까지 와 있네요.

가온파, 이제는 너무나도 익숙해진 제 유튜브 닉네임. 종종 제 채널 구독자분들께서 조심스럽게 물어보곤 하시는데요. "가온파님, 혹시 '가온파'가... 어느 조직 이름인가요? 전직이..." ㅎㅎㅎ 전혀 그쪽 세계와는 연이 없다는 거, 독자 여러분들은 여리여리해 보이는 제 모습만 봐도 짐작이 가시겠죠?

가온파는 제 첫째 딸의 이름, '가온'에서 따와서 가온이 아빠, 가온파파를 줄여서 부르는 제 애칭이랍니다. ^^ 당연히 유튜브 채널 운영 초기에는 영상을 봐주시는 분들도 적고 제가 영향력이 있는 셀럽도 아니다 보니, 뭐라고 이름을 붙이든 관심이 없으셨을 텐데요. 유튜브 시작 5개월째 접어들면서 작정하고 올린 영상 한 편이 소위 '떡상' 영상이 되면서 구독자가 빠르게 늘어나고 응원 댓글도 달리기 시작하며, '가온파'라는

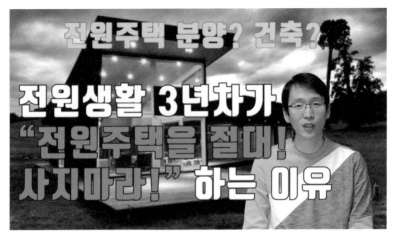

조회수 195만 '떡상' 갔던 그 영상, 제목: 전원주택 절대 사거나 짓지 마라? ...

닉네임에도 관심을 가져주시는 분들이 생기더라고요. 물론 응원 댓글만 달린 건 아니었죠. ㅠㅠㅠ '악플이 달리기 시작해야 유튜브 채널이 뜬다.' 는 속설도 있듯이 적지 않은 악플들로 가슴앓이가 시작되기도 하였습니다. 유튜브 채널을 운영하다 보면 악플과의 전쟁은 불가피하다고 보는데요. 악플과 관련한 에피소드와 저의 대처방법은 5장에서 좀 더 자세히 이야기하도록 하겠습니다.

그럼, '건알못'(건축에 대해 알지 못하는 사람)이던 가온파는 어쩌다가 전원주택 건축 전문 채널을 운영하는 건축 유튜버로 성장하게 되었을까요?

유튜브 채널 운영을 준비하고 계시거나, 막 시작한 초보 유튜버분들이 방향을 잡기 어려워하는 부분 중의 하나가 바로 채널의 메인 주제, 채널의 결을 어떻게 잡아가야 할지에 대한 것인데요. 어떤 분들은 너무 다양한 주제를 닥치는 대로 제작하여 업로드하기도 하고, 어떤 분들은 그저

한 우물을 파는 게 성공의 지름길이라 생각하여 너무 좁은 주제로 한정하여 영상 제작을 하기도 합니다.

그런데 제가 전원주택 건축 전문 유튜브 채널로 자리매김하게 된 것처럼, 여러분도 〈가온파의 힐링하우스〉와 같은 길을 따라와 보신다면, 이런 고민이 비교적 쉽게 해결되지 않을까 조심스럽게 추천드려 봅니다.

저는 유튜브 채널 운영 초기에 전원생활 블로그와 전원생활 필수품 리뷰, 귀농 귀촌 사례, 농사 아이템, 전원주택 하자와 대처방법, 그리고 심지어는 건강정보 영상까지 제작하여 업로드하였었답니다. 그땐 이런 다양한 주제의 영상을 꾸준히 업로드하다 보면 자연스럽게 구독자도 늘고 영상 조회수도 늘어나겠지... 하고 그저 꾸준히 영상을 업로드해 왔던 것 같아요.

그런데 눈치가 빠른 독자분들은 위에 제가 이야기한 여러 주제들 사이에 뭔가 공통점이 있단 생각이 드실 거예요. 바로 타깃 시청자층이 비슷하다는 것입니다.

유튜브 채널을 개설할 때, 가장 중요한 '나의 주요 시청자층은 누구인가?'에 대한 고민이 필요한데, 저는 '40대 이상의 전원생활을 꿈꾸는 한국인'으로 타깃층을 어느 정도 좁힌 상태에서 제가 쉽게 다룰 수 있는 주제를 선택하여 영상을 제작하였답니다. 그러다가 이런 주제들 중에 시청자들의 반응이 좋은 주제들의 영상 제작 빈도를 조금씩 늘려가다 보니, 전원주택 건축 전문 유튜브 채널이 되어 있더라고요.

유튜브 채널 운영에 관한 노하우와 정보를 공유하고 있는 여러 채널들에서 '처음에는 다양한 주제들로 영상을 제작해 봐라.'라고 하지만, 저는 초기부터 시청자 타깃을 명확히 설정하고 접근한 것이 채널을 빠르게 성장시키는데 큰 도움이 되었답니다.

가온파는 어쩌다가 건축 유튜버가 되었는지를 설명드리려다가 초기 채널 메인 주제 잡는 방법에 대한 일부 해답을 말씀드렸는데요. 생각보다 많은 초보 유튜버분들이 시행착오를 겪으며 지나가는 문제이니만큼 참고하셔서 초기 채널 운영에 적용해 보셨으면 합니다.

전원주택을 짓고 시골에서 생활하는 일상을 틈틈이 영상으로 만들어 유튜브에 공유하였을 뿐인데, 언제부턴가 그 영상들 중에 전원주택 건축에 관한 영상들의 조회수가 늘어나고, '댓글'과 '좋아요' 숫자가 늘어나면서 자연스럽게 시청자분들이 좋아하는 건축정보 영상의 업로드 빈도를 늘렸을 뿐이랍니다.

그러다 지금은 종종 "가온파님, 저희 집도 지어주세요!"라는 제 능력 범위를 넘어서는 댓글을 받는 전원주택 건축 전문 유튜버가 되어 있네요.^^

②

우리 아빠의 직업은
유튜버예요

유튜버는 대한민국에서 명실상부하게 하나의 직업으로 인정받고 있습니다. 좀 더 오피셜하게 이야기하자면, '1인 미디어 콘텐츠 창작자'라는 이름으로 국세청에서 정식으로 업종 코드 '940306'를 부여받은 자영업자입니다.

> 1인 미디어 창작자란 인터넷 · 모바일 기반의 미디어 플랫폼 환경에서 다양한 주제의 영상 콘텐츠를 제작하고 이를 다수의 시청자와 공유하여 수익을 창출하는 신종 직업을 의미합니다.
> * (예시) 유튜브, 아프리카TV, 트위치 등에 영상을 공유하는 유튜버, 크리에이터, BJ, 스트리머 등이 있습니다.
> – 출처: 국세청 홈텍스 신종업종 세무 안내

170 - 어쩌다 유튜버

하지만 아직도 유튜버를 '그저 관종끼(?)가 있는 사람들이 유튜브라는 영상 플랫폼을 통해 자신을 뽐내거나 정치색을 거침없이 드러내며 후원금과 광고수익으로 먹고사는 부류' 정도의 부정적인 시각을 가지고 바라보는 사람들도 존재하는 것 같습니다.

물론 대형 유튜버들의 엄청난 수익이 공개되고, 연예인 부럽지 않게 공중파를 넘나드는 모습을 보고 부러움의 시선으로 유튜버를 바라보는 시각도 여전히 존재합니다.

그럼, 가온파의 현재 직업은 무엇일까요? ^^

자영업자, 창업 컨설턴트, 전문강사, 사회적기업가 그리고 유튜버. 이 글을 쓰고 있는 지금 시점에서 제가 하고 있는 일을 정리해 보면, 이 정도로 말씀드릴 수 있을 것 같은데요.

좀 더 부연 설명을 드리자면, '고령농, 여성농, 청년농' 등 지역 내 소규모 농업인들의 온라인 직거래 판로를 개척하고, 농가 홍보를 도와드리기 위해 설립한 예비사회적기업의 총괄 이사로, 창업경영학을 전공한 석사로서 소상공인들의 창업과 사업운영을 자문하는 창업 컨설턴트, 마케팅 전문 강사로도 활동 중입니다. 그리고 전자상거래 도소매업과 광고대행업을 진행하는 자영업자로, 건축 관련 영상을 유튜브에 공유하고, 예비 건축주님들의 집짓기에 도움을 드리고 있는 건축 유튜버로 살아가고 있습니다.

10만 유튜버가 뭔 일을 이렇게 다양하게 하냐고요?

창업 전문가로서 자평해 보자면, 먹고 살기 힘들다는 핑계로, 가온파가 늘 다른 예비 창업자나 자영업자분들께 잔소리처럼 말하곤 하는 '선택과 집중'을 못하고 있는 거죠. 하지만 이제 저도 '선택과 집중'을 하지 않으면 살아남기 힘든 시기임을 직감하고 서서히 전업 유튜버로 전향하려고 다른 일들을 조금씩 줄여나가는 중입니다.

한동안 위에 언급한 직업들과 자세히 말씀드리기 힘든 업무들까지 다양한 일을 하다 보니, 저희 아이들이 아빠의 직업이 뭔지 헷갈렸나 봅니다. 몇 년 전에 둘째 딸 시연이가 "아빠, 학교에서 친구들이 너의 아빠는 직업이 뭐야? 하고 묻는데, 뭐라고 말해야 돼?" 하고 물어보더라고요. 그래서 이렇게 되물었죠. "시연이는 아빠 직업이 뭐라고 말하면 좋겠어?"

이 말을 들은 시연이는 망설임 없이 "유튜버!"라고 대답을 했답니다. ^^ 초등학생 아이들의 눈에는 10만 구독자를 가진 유튜버 아빠를 친구들에게도 자랑하고 싶었던 모양입니다.

초등학생 희망직업 상위 10위

순위	2020년	2021년	2022년
1	운동선수	운동선수	운동선수
2	의사	의사	교사
3	교사	교사	크리에이터
4	크리에이터	크리에이터	의사
5	프로게이머	경찰관	경찰관
6	경찰관	요리사	요리사
7	요리사	프로게이머	배우/모델
8	배우/모델	배우/모델	가수/성악가
9	가수/성악가	가수/성악가	법률전문가
10	만화가	법률전문가	만화가

자료 : 교육부·한국직업능력연구원

실제로 초등학교 6학년의 희망직업 상위 10위를 조사한 자료를 보면, '크리에이터'가 4위로 상위권을 유지해 오다가 2022년도에 '의사'를 제치고 3위를 차지할 정도로 인기를 끌기도 했답니다.

사실 그 일 이전까지는 저도 유튜버라는 직업이 누군가에게 자신있게 말할만한 직업은 아니라고 생각했던 것 같아요. 하지만 제 딸아이가 유튜버인 아빠를 자랑스럽게 생각하고 있다는 걸 알게 되니, 좀 더 자부심을 가지고 일할 수 있겠더라고요.

그럼, 유튜버를 직업으로 가지려면 어떻게 해야 할까요?

그냥 구글 계정에 유튜브 채널을 개설하고 영상을 만들어 업로드하면 유튜버가 되는 걸까요?

네. ^^ 맞습니다. 유튜버는 누구나 그렇게 쉽게 시작할 수 있습니다. 하지만 틀렸다고 말할 수도 있을 것 같네요. 유튜버를 단순히 SNS에 개인 창작물을 업로드하여 공유하는 1인 크리에이터로 본다면 맞는 말이지만, 유튜브를 통해 돈을 버는 직업인으로서 유튜버를 이야기할 때에는 해야 할 일이 더 있답니다.

유튜버는 이 장의 초반부에 말씀드렸던 것처럼, '1인 미디어 콘텐츠 창작자'라는 업종을 가진 자영업자입니다. 국세청에서 업종코드를 부여했다는 것은 하나의 사업, 직업으로 인정을 받는 것이기도 하지만, 한편으로는 대한민국의 국민으로서 마땅히 지켜야 할 납세의 의무를 부여받은 것이기도 합니다.

그래서 직업적으로 유튜버 활동을 하기 위해서는 세무서에 사업자등록을 해야 합니다.

물론 유튜브를 통해 수익창출을 하지 못하는 초반부터 사업자등록을 꼭 해야 하는 것은 아니지만, 유튜브 수익창출 조건을 달성하고, 영상 내 광고수익이나 구독자의 Super Chat, Super Thanks를 받는 시점에 사업자등록을 하지 않으면 과태료와 가산세를 부과 당하고 형사처벌까지 받을 수도 있으니, 꼭! 이 시기가 오면 사업자등록을 하시길 바랍니다.

이렇게 수익을 창출하는 직업인 유튜버를 꿈꾸며 크리에이터 활동을 시작하시는 분들의 또 한 가지 고민거리가 있습니다. '초반부터 전업 유튜버로 시작할까?' 아니면 'N잡러로 활동하며 리스크를 줄여서 한 단계씩 성장해 나갈까?' 하는 고민 말이죠.

저는 초기부터 전업 유튜버로 시작하시길 권합니다.

창업 전문가의 입장에서 이럴 때 창업가 정신의 한 가지인 '위험감수성'을 발휘해야 한다고 생각합니다.

유튜브는 이미 많은 선배 유튜버들로 인해 검증된 비즈니스 플랫폼입니다. 어떠한 창업 아이템보다도 수익성이 높고 지속가능성이 있는, 그러면서도 리스크가 적은 좋은 비즈니스라고 생각합니다. 이런 비즈니스에 뛰어들면서 이리저리 재면서 한쪽 발만 슬쩍 걸치며 시작하는 것은 오히려 성공 가능성을 스스로 낮추고 '1인 미디어 콘텐츠 창작자'로서 안정적인 수입을 가질 수 있는 시점을 늦추게 될 것입니다.

그렇다고 무모해지라는 것은 아닙니다. ^^

여러분에겐 저희 같은 선배 유튜버들이 있고, 여러분의 길라잡이가 되어줄 많은 유튜브 영상들이 있습니다. 차근히 준비해 나가시면 어느새 여러분도 10만 유튜버가 되어 있을 겁니다.

그럼, 정말로 얼마나 벌 수 있길래 처음부터 전업 유튜버로 시작하라는 얘긴지, 3장에서 좀 더 구체적으로 이야기해 보도록 하겠습니다.

③
정말로
이만큼 벌어요

"10만 유튜버는 얼마나 벌어요?"

한동안 가온파가 강의해 오던 '유튜브, 1인 크리에이터 양성 과정'이나 '영상 촬영, 편집 전문가 양성 과정'에서 수강생분들이 가장 빈번하게 하는 질문입니다.

사실 유튜버들끼리도 진심으로 서로의 수익이 궁금하답니다.

실례로, 제가 여러 유튜버들과 함께 교류하고 있는 '유라이프'의 첫 번개 모임에서 아이스브레이킹을 위해 서로에게 궁금한 것을 물어보는 시간을 가졌었는데요. 몇만에서 몇백만 구독자를 가진 유튜버들도 잠시 서로 눈치를 보다가 이구동성으로 "oo님은 수익이 얼마나 돼요?" 하고 물어봐서 다들 한 바탕 웃었던 기억이 있습니다.

아마 독자 여러분께서도 '조회수 당 1원씩 광고수익을 번다더라.', '구독자가 1만 명이 넘으면 한 달에 수백만 원 정도 달러로 꽂힌다더라.' 하는 이야기를 어디선가 들어 보신 적이 있을 겁니다.

하지만 이런 루머들은 '카더라' 통신으로 너무나도 편차가 큰 유튜버들의 수익을 일반화하기에는 거리가 먼 이야기들입니다. 개별 영상의 조회수가 많이 나올수록 광고수익이 높아지는 것은 사실이지만, 1,000 조회수 당 수익을 이야기하는 RPM(Revenue Per Mille)을 들여다보면, 어떤 주제로 어느 나라에서 누구를 타깃으로 한 채널을 운영하느냐에 따라 천양지차이기 때문에 초보 유튜버들은 채널 개설 전부터 어느 정도 사전 지식을 쌓고 수익화에 대한 로드맵을 그려보는 것이 필요합니다.

그래서 도대체 유튜브 광고수익으로 얼마나 버냐고요? ^^
먼저 RPM에 대한 가온파 채널의 실례를 보여드리도록 하겠습니다.

동영상 실적	
게시 이후	
US$438.10	
예상 수익	
조회수	34.5만
조회수 1,000회당 수익(RPM)	US$1.27

개별 영상 광고수익 RPM 예시1

동영상 실적	
게시 이후	
US$1.7천	
예상 수익	
조회수	72.1만
조회수 1,000회당 수익(RPM)	US$2.48

개별 영상 광고수익 RPM 예시2

위 두 이미지는 유튜브 채널의 관리자 모드 격인 '유튜브 스튜디오' 어플의 수익분석 탭에서 캡처를 하였는데요. 보시다시피 두 동영상 실적은 2배 가까이 차이가 나는 RPM 수치를 보여주고 있습니다. 같은 유튜브 채널에서도 이런 차이를 보이는데, 주제가 다르고, 영상 길이도 다르고, 대상 연령층도 다른 유튜브 채널의 수익을 조회수만 보고 가늠하는 것은 정말 쉽지 않은 일입니다.

그래도 같은 채널 내에서는 평균이란 게 있기 마련이죠. ^^

아래의 이미지는 최근 28일 동안 일반 동영상과 쇼츠 영상의 예상 수익을 보여주고 있습니다.

평균 일반 동영상 광고수익 RPM   평균 쇼츠영상 광고수익 RPM

앗! 어쩌다 보니, 부끄럽게도 제 지난달 수익을 공개해 버렸네요. ㅎㅎ

위 수익분석 내용을 보면, 일반 동영상의 경우 $1.40의 RPM을 보여주고 있고, 지난해부터 수익화된 쇼츠 영상은 $0.17의 RPM을 보여주고 있습니다.

즉, 〈가온파의 힐링하우스〉 채널에서는 1조회수 당 일반 동영상은 약 1.8원, 쇼츠 영상은 약 0.2원으로 기대 수익을 계산하면 실제 수익과 많이 벗어나지는 않는 것 같습니다. 이를 기준으로 가온파의 지난달 예상 광고수익을 계산해 보면 일반 동영상으로 약 백삼십만 원(725,000x1.8),

쇼츠 영상으로 약 이만삼천 원(118,000x0.2), 대략 총 132만 원의 광고수익을 올린 것으로 보이네요.

어떠세요? 10만 유튜버의 광고수익을 세세히 들여다보시고 나니 실망스러우신가요? ^^

너무 실망하지는 마세요. 제가 알고 있는 비슷한 구독자를 보유한 유튜버들 중에 가온파의 수익은 하위권에 속하니까요. 전원주택 건축이라는 한정된 소재로 좁은 시청자층을 대상으로 영상을 제작하다 보니 조회수도 한계가 있고, 고연령층의 남성 시청자들이 85% 이상을 차지하는 터라 RPM도 낮은 편이지만, 주제와 대상 시청자를 어떻게 설정하고 영상을 제작하느냐에 따라 $4 이상의 평균 RPM을 가지는 채널들도 많답니다.

그렇다 보니 5천 명의 구독자를 보유한 유튜버가 월 3~400만 원의 광고 수익을 올리기도 하고, 50만 유튜버가 월 50만 원 이하의 수익만으로 힘들어하다 유튜버 생활을 청산하기도 한답니다.

유튜브에서 제공하는 광고수익이 생각보다 적다고 해서 실망하기는 이릅니다. 유튜버로 활동하면서 돈을 벌 수 있는 방법은 정말 다양하니까요. ^^

다음 내용은 국세청 홈택스에 안내되어 있는 '1인 미디어 창작자'의 소득과 관련한 안내 내용입니다.

1인 미디어 창작자의 소득은 플랫폼 운영사로부터 배분받는 광고수익, 시청자가 플랫폼을 통해 지불하는 후원금 등이 있습니다.
또한 특정 기업 및 제품의 홍보 영상을 제작하거나 자신의 영상에서 이를 홍보해 줌으로써 받는 수입, 행사 및 강연 등으로 얻는 수입 등이 있습니다.

1인 미디어 창작자는 다중채널네트워크(Multi Channel Network, MCN) 사업자*와 계약을 맺고 광고수익을 나누는 경우도 있습니다.

* (MCN 사업자) 1인 미디어 창작자의 콘텐츠 유통·판매, 저작권 관리, 광고 유치, 자금 지원 등에 도움을 주고 콘텐츠로부터 나온 수익을 창작자와 나누어 갖는 미디어 사업자

  − 출처: 국세청 홈텍스 신종업종 세무 안내

제가 유튜브를 시작할 때만 해도 세무서에 세금 신고를 위해 문의를 하면 담당 직원들이 관련 세법을 파악하고 있지 않아서 상담을 제대로 하지 못했던 기억이 있는데요. 위 안내를 보면 국세청에서도 벌써 유튜버들이 어느 구멍에서 돈을 벌어들이고 있는지 파악이 끝났다는 얘기고, 이건 유튜버들이 성실하게 납세의 의무를 다해야 한다는 이야기가 되겠죠? ^^

위 내용을 보면, 유튜버들에게 광고 수익 외에도 다양한 수익창출 방법들이 존재합니다. 그중에 가온파에게 있었던 기분 좋은 기억의 수익 사례를 하나 소개해 드리겠습니다.

바로 '후원금'과 관련한 에피소드인데요.

수년 전, 당시 구독자였고 지금은 제게 큰 의지가 되어주시는 이웃 마을 형님의 부탁으로 폐가를 수리하게 되었는데, 몸은 좀 힘들겠지만 제게도 좋은 경험이 될 것 같았고, 시청자분들에게도 유익한 농가주택 리모델링 정보가 될 것 같아 수리 전 과정을 영상으로 촬영하기로 마음먹고 한동안 폐가 수리에 올인을 하였답니다.

폐가 수리 중, 목골조를 다듬고 있는 가온파

수리 중에 방 하나를 찜질방으로 꾸미게 되면서 난방을 어떻게 해야 하나 고민하다가 인터넷을 검색하였는데요. 한 난방 시공업체의 제품이 눈에 띄어 사심 없이 찜질방 난방 시공을 맡기고 시공 과정을 영상으로 제작해서 업로드하였습니다. 그런데 이 영상이 생각보다 많은 시청자분들에게 관심을 받게 되고, 업체도 홍보 효과를 톡톡히 보게 되었습니다. 시청자분들은 새로운 건축 자재에 대한 정보를 얻게 되어 좋고, 가온파는 구독자와 조회수가 늘어 광고수익이 더 들어오니 좋고, 업체도 홍보가 잘 되어 매출이 느니 좋고, 모두에게 좋은 일이 되었죠.

이렇게 좋은 기억으로 남은 해당 영상과 업체에 대한 기억이 조금씩 잊혀 가고 있을 무렵, 오랜만에 채널에 공지해둔 후원금 계좌를 확인해 보고 깜짝 놀랐습니다. 입출금 알림 설정이 안 되어 있고, 거래내역이 없어 휴면계좌나 다름없는 계좌에 수개월 동안 적지 않은 금액이 다달이

입금되고 있었더라고요.

한참 동안 모바일 뱅킹 입금 내역을 바라보며 여러 가지 생각을 하였습니다. 먼저 업체 대표님께 너무 고마운 마음이었지만, 이렇게 후원금을 받아도 되나 싶은 부담감도 교차하였습니다. 바로 대표님께 전화를 드렸는데, 대표님은 오히려 제게 "덕분에 회사가 빠르게 성장할 수 있었습니다. 너무 고맙습니다. 작은 성의라고 생각하고 받아주십시오."라는 말씀을 하시더군요.

그러고도 업체 대표님은 수개월 동안 지속해서 후원금을 보내주셨습니다. 이때부터 저는 시청자분들과 시공업체 모두를 만족시켜 줄 수 있는 좋은 콘텐츠를 제작하면 유튜브 광고수익에 의존하지 않아도 수익은 자연스럽게 따라 올 수 있겠다는 확신을 가지게 되었답니다. ^^

독자 여러분, 돈을 쫓아가면 돈이 달아난다고 하는 말도 있잖아요. 차근히 유튜브 채널 수익화에 대한 로드맵을 그려볼 필요는 있지만, 너무 수익성만 쫓아가기보다는 어떻게 하면 좋은 콘텐츠로 시청자를 만족시킬지 고민하며 영상 제작을 해나가다 보면 나도 모르는 곳에서 수익이 발생하고 있을지도 모릅니다. ^^

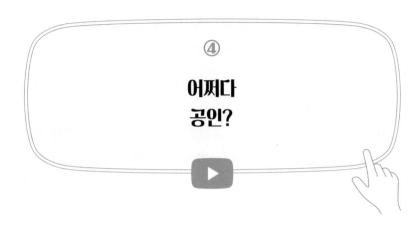

④

어쩌다
공인?

"사진 한 번 같이 찍어 주실 수 있어요?"

"가온파님과 제가 통화를 하고 있다니... 정말 떨리네요."

"연예인을 보고 있는 것 같아요"

"혹시.. 영상에서 봤던 그분 아닌가요?"

대형마트에서 장을 보다가, 식당에서 밥을 먹던 중에, 상담 전화 통화를 하다가 들었던 이런 말들은 실버버튼을 받은 이후에 들었던 말들이 아닙니다. 제 기억에 처음 생면부지의 사람이 다가와 인사를 하기 시작한 것은 구독자 수가 3천 명 정도밖에 되지 않은 유튜브 채널 개설 5개월도 안 되었던 시점 같네요.

가온맘과 함께 서울의 한 대형마트에서 장을 보고 계산대에 서 있는데, 한 아주머니께서 다가오시더니, "혹시.. 영상에서 봤던 그분 아닌가요? 무슨 가온... 뭐시기 하는?" 이렇게 저를 알아봐 주시고 격려 인사까지 해주시더라고요.

이날 참 여러 가지 생각을 하게 되었습니다. 솔직히 어깨가 살짝 으쓱해지고 기분이 좋기도 했는데요. 한편으로는 걱정이 되더라고요. 다행히도 이날은 저나 가온맘 둘다 컨디션이 좋아서 기분 좋게 장을 보고 밝은 표정으로 계산대에 서있던 상황이었지만, 평소에는 허리가 안 좋아 쇼핑 체력이 저질인 가온파와 쇼핑 체력 만랩인 가온맘 간에 투닥투닥거리는 경우가 많거든요. 혹시라도 그런 상황에서 구독자분들이 저를 발견하면 어떻게 생각할까? 하는 걱정도 되더라고요.

이런 우려가 현실로 벌어진 에피소드가 하나 있습니다.

유튜브를 본격적으로 시작한 지 2년여가 지난 시점에 눈이 아프고 좀 침침한 것 같아서 안과를 갔습니다. 그런데 의사 선생님으로부터 청천벽력 같은 진단을 받았습니다.

"초기 녹내장입니다. 지금부터 잘 관리하지 않으면 실명을 할 수도 있는 병이니, 처방해 주는 안약 매일 빠짐없이 넣으시고 한 달 뒤에 봅시다!"

40대 중반을 넘어서고 있지만, 그래도 눈 건강 하나는 자신 있다고 생각했는데, 실명할 수도 있다니!! 정말 하늘이 무너지는 느낌이었습니다. 눈에 넣어도 아프지 않을 것 같은 두 딸아이의 '시집 가는 모습은 볼 수 있을까?', 아이들이 손주를 낳으면 '손주들 얼굴을 볼 수 있을 때까지 시력이 유지될 수 있을까?'

이런 생각까지 떠오르니, 계속 눈물이 쏟아지더군요. 화장실에 가서 세수를 하고 마음을 조금 안정시킨 뒤에 처방전을 가지고 약국에 갔습니다. 처방전을 내고 얼마 후, 제 이름이 불려 약사님에게로 다가갔는데, 약사님께서 밝게 웃으며 제게 "가온파님, 영상 잘 보고 있어요~^^" 하시더라고요. 저는 그 말에 아무 생각 없이 "아.. 네..."라고 퉁명스럽게 대답하고 약국을 빠져나왔답니다. 약사님은 유튜브에서 즐겨보던 영상의 주인공을 만나 반가운 마음에 인사를 하셨을 텐데, 제 대답과 태도를 보고 얼마나 실망하셨을까요? 지금도 이때 상황을 생각하면 이불킥을 하면서 그 약사 구독자분께 죄송한 마음이 든답니다.

"뭘~ 그런 것까지 신경 쓰냐."고 하시겠지만, 저는 이 일이 있은 후로 공공장소에서는 은근히 신경이 쓰이고 조심하게 되더라고요.

'공인인 듯 공인 아닌 공인 같은 나!'

저는 공인이 아닙니다. 물론 연예인도 아니지요. 그저 평범한 유튜버일 뿐이지만, 그럼에도 적지 않은 구독자분들이 계시고, 업로드하는 영상들의 조회수로 인한 파급력이 상당하기도 합니다.

한번은 이런 컴플레인을 받은 적도 있답니다.

제가 우연찮게 기회가 되어서 ALC블럭이라는 건축 자재로 집을 짓는 영상을 시리즈로 연재를 하였는데요. 당시에는 많이 알려지지 않은 자재였음에도 장점이 많은 자재여서 많은 분들이 시청해 주셨습니다. 그런데 얼마 후에 모 목조주택 시공업체 대표님이 전화를 하셔서 이렇게

4-5. ALC블럭 건축 시공법 정보 영상

말씀하시더군요.

"요즘 가온파님 때문에 저희 손가락 빨게 생겼어요. 요즘 상담하시러 오시는 분들이 자꾸 목조 말고 ALC블럭으로 집을 지어달라고 하세요."

전원주택 건축 관련 유튜버로 어느 정도 인지도를 가지고 자리 잡게 됨으로써 제 영상 몇 편이 실제로 건축 시장에 영향을 미칠 수도 있다고 생각하니 어깨가 무거워지기 시작했습니다. 그리고 종종 "가온파님 영상 보고 이 건축업체에 맡기기로 했어요.", "영상에서 나온 자재가 좋아 보여서 이걸로 바꾸기로 했어요.", "가온파님 믿고 여기로 결정합니다." 등의 댓글을 남기시고 상담 톡을 보내오시는 구독자님들을 보면 더욱 영상 제작에 신중을 기해야겠다는 생각이 듭니다.

그래서 언제부턴가 제가 혼자 나와서 건축관련 정보와 견해를 말씀드리는 영상을 지양하고 건축업계 전문가나 경험이 많은 빌더분들과의 인터뷰를 통해 정보를 전달할 수 있도록, 영상제작 컨셉도 바꾸게 되었죠.

"가온파님, 저희 집 좀 지어주세요."

제가 건축업자가 아닌 걸 알면서도, 제게 집을 지어달라고 하시는 구독자분들을 보면서, SNS 셀럽으로서의 뿌듯함과 더불어 부담이 교차하는 이 기분은 앞으로도 계속될 것 같습니다.

언제부턴가 아내도 제 호칭을 '가온파'라고 부르고 있으니...

유튜브 활동을 해나가는 동안에는 어쩔 수 없이 '공인인 듯 공인 아닌 공인 같은 나!'로 살아가야 하지 않을까요? ^^

야, 너도
10만 유튜버 될 수 있어

▶

〈가온파의 힐링하우스〉 유튜브 채널은 기존에 가지고 있던 개인 계정의 유튜브 채널을 2018년 10월 1일에 브랜드 채널로 전환하여 첫 영상을 업로드하고 만 3년이 조금 넘은 2021년 12월 4일에 구독자 수 10만 명을 넘어서셨습니다. 이런 성장 속도는 수개월 안에 구독자 10만 명 이상을 돌파하는 급성장 채널도 있으니, 성장이 느린 것으로 볼 수도 있겠지만, 매주 1~2편의 영상을 수년 동안 꾸준히 업로드하는데도 불구하고 1만 명의 구독자 수를 넘어서지 못하는, 일명 '존버정신'으로 버티고 있는 유튜버들도 많으니, 나름 선전하고 있다고 위안하고 있습니다. ^^

그럼, 가온파가 유튜브를 시작하고 한참 코로나 팬데믹으로 인해 유튜브 채널마다 구독자 수가 폭발적으로 늘어나던 2020년부터 2022년의 좋은 시절(?) 말고, 지금 시점에도 유튜브 채널을 새로 개설해서 10만 명 이상의 유튜버로 성장할 수 있을까요?

네! 저는 가능하다고 생각합니다. 아니, 저는 이전보다 유튜버하기 더 좋은 시절이 되었다고 생각합니다. 이제부터 무엇 때문에 그렇게 생각하고 있는지 자세히 살펴보도록 하겠습니다.

유튜브에서 영상을 얼마나, 어느 섹션에 노출시켜 줄지를 결정해 주는 노출 알고리즘은 지금도 지속적으로 업데이트 되고 있습니다. 그렇지만 이 알고리즘에는 예나 지금이나 변하지 않는 중요 지표들이 존재합니다. 유튜브 채널이 성장하기 위해서는 내가 업로드한 영상이 얼마나 많은 시청자들에게 관심을 끌어내고, 얼마나 좋은 콘텐츠로 인정받느냐가 핵심인데요. 이걸 수치화된 데이터로 측정할 수 있도록 한 대표적인 지표가 바로 '노출 클릭률'과 '평균 시청 지속 시간'입니다. 많은 유튜브 전문가들과 현업 유튜버들이 이 지표들을 언급하며 과거, 현재는 물론이고 앞으로도 이 두 지표를 높이는 것이 유튜브 채널 성장의 비결이라 말하고 있습니다.

그럼, 〈가온파의 힐링하우스〉 채널에서 2가지 영상을 예시로 두 지표에 대한 좀 더 자세한 이야기를 해보도록 하겠습니다.

아래 그래프는 2024년 3월 2일에 업로드한 '로봇 자동화 설비를 이용한 모듈러 하우스 제작'에 대한 인터뷰 영상의 게시 이후부터 24시간 동안 노출 클릭률을 나타낸 그래프입니다.

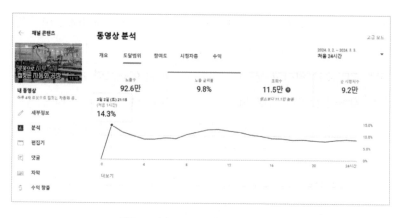

처음 24시간 동안의 노출 클릭률 그래프

　제 채널의 최근 1년간 평균 노출 클릭률이 7.6%인 것과 비교하면, 처음 1시간 동안의 노출 클릭률이 2배에 가까운 14.3% 높은 지표를 보이고 있는 것을 확인할 수 있습니다. 이 높은 지표의 도움을 받아 이 영상은 게시 24시간 만에 11만 5천 조회수를 기록하며 소위 떡상 영상이 될 수 있었습니다.

　이렇게 평균 지표를 상위하는 노출 클릭률을 달성할 수 있었던 것은 구독자분들이 관심 있어 할 만한 주제인 '모듈러 하우스 제작'에 대한 내용인 점과 더불어 섬네일에 최근 이슈가 되고 있는 '로봇'과 관련한 키워드가 삽입되어 있어 일반 시청자분들에게도 관심을 끌게 되면서 가능했던 것이 아닐까 싶습니다.

　그리고 위 오른쪽 '평균 시청 지속 시간' 그래프를 보시면, 6분 05초로 평소 실적인 3분 30초 내외와 비교해서 높은 평균 시청 지속 시간을 기록 중인데요. 이 영상은 2020년 8월 20일에 게시하여 한 달여 만에 10만

게시 이후 현재까지 평균 시청 지속 시간

조회수를 넘어서고, 이후로도 지속적으로 조회수가 상승하여 72만 3천 건의 조회수를 보이며 현재도 조회수가 늘어나고 있는 제 채널의 효자 콘텐츠입니다.

이 영상이 높은 조회수를 기록할 수 있었던 것은 구독자들의 관심사인 집짓기 과정을 기초공사부터 완공된 모습까지 군더더기 없이 19분으로 압축하여 영상 전체에 텐션이 늘어지는 구간이 없도록 편집한 것이 평균 시청 지속 시간을 높이는 데 주요하였고, 이로 인해 70만이 넘는 조회수를 기록 중이라고 분석하고 있습니다.

위에 이야기한 2가지 지표 외에도 변하지 않는 또 하나의 핵심 알고리즘은 '최신성(recency)'입니다. '최신성'은 SNS 플랫폼에서 상위로 노출시켜 주는 콘텐츠의 우선순위를 정할 때, 가장 최근에 업로드된 콘텐츠에게 더 높은 점수를 부여하는 것을 말합니다. 저는 이 '최신성'을 우선시하는 플랫폼들의 알고리즘으로 인해 새롭게 진입하는 크리에이터들에게도 공정한 무한 성장의 기회가 열려있다고 생각합니다. 이로 인하여 어쩌면 고인물이라고 치부될 수 있는 기존 유튜버들도 끊임없이 트렌드에 맞는 컨셉을 고민하며 변화를 추구해야 하고 새로운 영상을 만들어내야 하는 숙명의 고리를 벗어날 수 없는 것입니다.

그래서 유튜버를 보고 '결승선 없는 마라톤 구간을 달리는 마라토너'라고 부르는 사람도 생겨난 것입니다.

이런 알고리즘의 도움이 아니더라도, 신생 유튜브 채널들이 고인물들과 싸워 대형 채널로 성장하도록 도움을 줄 수 있는 무기들이 많이 생겼습니다. 이 중에서 막 시작하는 유튜버들이 꼭 장착해야 할 2가지 무기에 대해 이야기해 보겠습니다.

첫 번째 무기로 숏폼(Short-Form) 영상, 쇼츠(Shorts)를 들 수 있겠는데요. 제가 유튜브를 시작할 2018년 당시에는 없던 서비스로, 2023년도부터 본격적으로 유튜버들에게 수익셰어를 시작하면서 기존 유튜버들도 쇼츠 전문 유튜버로 전향할 정도로 핫한 서비스이기도 합니다. 쇼츠는 60초 미만의 짧은 세로 영상으로 제작되다 보니, 일단 초보 유튜버도 촬영과 편집의 부담이 적은 것이 가장 큰 장점입니다. 그리고 미드폼(Mid-Form)과 롱폼(Long-Form)으로 불리는 러닝타임이 긴 일반 가로 해상도의 영상 서비스에 비해서 앞서 말씀드린 '최신성' 알고리즘의 영향을 더 많이 받기 때문에 고인물들과의 싸움에서 더 경쟁력이 있답니다.

두 번째 무기로는 하루가 다르게 발전하고 있는 'AI 저작도구'를 들 수 있겠습니다.

라떼는 말이죠. ㅎㅎ 유튜브를 시작하면서 영상은 '어떻게 찍지?', 찍은 영상은 '어떻게 편집하지?' 하는 고민부터 시작해서 수개월 동안 영상제작의 기본기를 다지는 데 적지 않은 시간을 투자해야 했습니다. 그런데 2022년 11월 30일, Open AI에서 챗GPT를 발표한 이후에 여기저기서 봇물 터지듯 쏟아져 나온 AI 저작도구들로 인해, 시간과 비용을 최소화하여 누구나 카메라 한 대 없이도 손쉽게 고퀄리티의 영상을 제작할 수 있는 시대가 되었습니다.

모 유명 유튜버는 방구석에 앉아서 AI 저작도구를 활용해 하루에 10분씩만 투자하면 월 수백만 원의 광고수익을 얻을 수 있는 세상인데, AI를 활용한 유튜브 채널 운영을 왜? 하지 않고 있느냐고 개탄하듯이 영상을 올리기도 하더군요.

여러분, 유튜브는 지금이 시작하기 가장 좋은 시기입니다! ^^

그럼, 다시 유튜브 채널 운영 초기에 도움이 될 만한 운영 노하우 2가지를 제 경험을 바탕으로 알려드리도록 하겠습니다.

첫 번째는 초기 구독자 늘리는 방법에 대해서 이야기해 볼게요.

남들보다 조금 빨리 구독자 수를 증가시키고 싶다면, 유튜브의 알고리즘과 시청자의 심리를 파악해야 하는데요. 노출 알고리즘은 앞에서 '노출 클릭률'과 '평균 시청 지속 시간'의 영향을 받는다고 말씀드렸잖아요. 여기에 한 가지 더해서 추천 알고리즘에 대한 이해가 필요합니다.

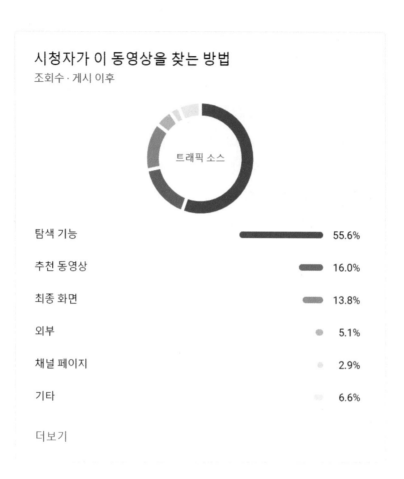

시청자가 이 동영상을 찾는 방법
조회수 · 게시 이후

트래픽 소스

탐색 기능	55.6%
추천 동영상	16.0%
최종 화면	13.8%
외부	5.1%
채널 페이지	2.9%
기타	6.6%

더보기

영상 유입경로

왼쪽의 그래프를 보면, 대부분의 시청자들이 '탐색기능'과 '추천 동영상'을 통해 유입되고 있는 것을 알 수 있는데요. 여기서 '탐색기능'은 시청자들이 유튜브 홈페이지나 어플을 열면 바로 보이는 홈 화면에 노출된 썸네일과 제목을 클릭해서 들어온 것을 말하며, '추천 동영상'은 시청

중인 영상의 아래 혹은 측면에, 영상 시청이 끝난 후에 보여지는 섬네일과 제목을 클릭해서 들어온 것을 말합니다. 이 2가지 유입경로에 노출되는 알고리즘은 시청자의 성별, 나이, 관심 있는 주제와 동영상 시청 패턴 등이 분석되어 비슷한 결의 동영상이 추천되는 알고리즘입니다. 당연히 내가 올린 영상이 이런 추천 알고리즘에 최적화되어 노출 빈도가 높아진다면 영상의 조회수가 증가되고, 이로 인해 구독자 수도 증가될 수 있겠죠.

그런데 시청자들은 이렇게 추천된 영상을 클릭해서 보게 된다고 하더라도 한 편의 영상 시청만으로 구독 버튼까지 누르기는 쉽지 않습니다. 우연히 홈 화면이나 추천 영상으로 뜬 영상을 시청했는데, 그 채널에 들어가 보니 시청한 영상과는 동떨어진 주제의 영상들로 가득하다면, 굳이 시간을 투자해 구독 버튼을 누를 이유가 없을 것입니다.

그렇기 때문에 이런 알고리즘과 시청자들의 심리를 고려하지 않고 다양한 주제의 영상들을 올리면서, 그중에 떡상 영상이 나오면 그 영상과 결이 비슷한 영상으로 승부를 보겠다는 생각은 적지 않은 시간 동안 구독자 수가 잘 늘지 않는 '개점 휴업' 같은 정체기를 초반부터 겪을 수밖에 없습니다.

〈가온파의 힐링하우스〉는 초보 유튜버들의 첫 번째 관문이라고 할 수 있는 구독자 수 1,000명을 3개월 정도에 달성하였는데요. 운영 초기부터 전원생활에 관심이 있는 시청자층을 타깃으로 하고 관련 주제를 벗어나지 않는 범위 내에서만 주제 선정을 하여 주 1~2편의 영상을 업로드하였습니다.

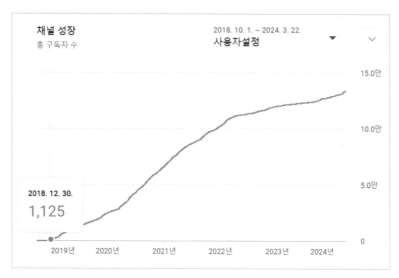

채널 성장
총 구독자 수

2018. 10. 1. ~ 2024. 3. 22.
사용자설정

2018. 12. 30.
1,125

15.0만

10.0만

5.0만

0

2019년   2020년   2021년   2022년   2023년   2024년

누적 구독자 수 그래프

   그리고 채널 내에 업로드된 영상이 약 20여 편 정도 되었을 때, 회원 수가 많고 활성화된 전원생활 관련 커뮤니티에 정보성 게시글과 함께 제 채널 동영상 링크를 걸어 두었습니다. 전원생활 정보를 찾아 해당 커뮤니티를 방문한 사람들이 제 게시글을 보고 나서 영상에 관심을 가지고 시청하였으며, 채널 내에 다른 유사 주제의 영상들도 추가로 보게 되면서 조회수는 물론 구독자 수까지 증가, 이른바 일타쌍피 효과를 거둘 수 있었답니다. 관심 분야가 같은 사람들이 모인 커뮤니티에서 넘어온 시청자들이기에 구독자로 전환할 가능성도 높았고, 일반 시청자들보다 영상을 시청하는 '평균 시청 지속 시간' 역시 높다 보니 유튜브 알고리즘에도 긍정적인 영향을 주게 되어 채널 성장에 가속이 붙게 되었습니다.

   독자분들도 유튜브 채널에 어느 정도 주제를 좁혀 놓은 상태에서 회원

수가 많고 활성화된 네이버 카페, 밴드, 카카오 오픈 채팅방 등의 커뮤니티 활동을 병행해 보시길 추천드립니다. 지금도 저처럼 유튜브 운영 초기에 큰 도움이 될 수 있다고 확신합니다.

두 번째로 알려드리고 싶은 운영 노하우는 '악플에 슬기롭게 대처하는 방법'입니다.

어느 정도 성장한 유튜브 채널을 가진 유튜버에게 "유튜브 활동을 하면서 가장 힘든 것이 무엇이냐?"고 묻는다면, 상위에 드는 것이 바로 '댓글 관리'일 텐데요. 구글 계정을 가진 사람이라면 누구나 유튜브 게시 영상에 댓글을 달 수 있는데, 익명성이 강한 특성 때문에 여느 SNS 플랫폼들에 비해 활발하게 댓글 소통이 이루어지고 있습니다. 과거 파워블로거로도 활동해 본 제 경험에 비추어보면, 같은 조회수를 기준으로 놓고 비교를 할 때, 블로그 글보다 유튜브 영상에 훨씬 더 많은 댓글이 달리더라고요.

이렇게 시청자들과 댓글로 활발히 소통할 수 있다는 것은 비즈니스 측면에서 보면 큰 기회이기도 합니다. 영상 내에서 멘트와 자막으로 언급하는 메시지보다 고정 댓글을 통해 공지한 내용들이 훨씬 효과적으로 전달되기 때문에, 고정 댓글에 홍보 포인트를 담은 글과 구매좌표 링크 등을 게시하여 직접적인 수익 창출로 연결시키기도 한답니다.

이런 장점에도 불구하고 익명성에 기대어 앞뒤를 가리지 않고 유튜버는 물론, 다른 구독자분들에게까지 상처를 주는 악플러들은 정말 골치 아픈 존재입니다. 채널 영상의 조회수가 백 단위로 소소하게 나올 때에는 "악플이라도 하나 달렸으면 좋겠다." 싶을 정도로 댓글이 없다가도 천 단위로 조회수가 올라가기 시작하면서 "좋은 정보 공유해주셔서 감사합니다."라는 선플들과 함께 여지없이 뜬금없는 악플이 달리게 됩니다. 영상을 제대로 시청하고 뭔가 반대되는 견해를 밝히는 댓글들은 악플이라고 부르지 않습니다. 밑도 끝도 없이 '그냥 싫다!'는 댓글들을 읽다 보면 '유튜브를 내가 왜 하고 있나~' 자괴감이 들기 시작합니다.

하루는 이런 적이 있었습니다.

전원생활을 하는 이웃들과의 모습을 담은 10분짜리 블로그 영상을 업로드하였는데요. 업로드한 지 1분이 채 되지 않은 상황에서 '싫어요' 숫자가 2개 올라가더니, 출연하는 아줌마의 "말투가 마음에 안 든다."는 글과 함께 외모를 비하하는 댓글이 달리더군요. 그때는 이웃 아주머니께서 기분이 나쁠까 봐 당황해서 댓글을 바로 삭제해 버렸습니다. 그런데 몇분 뒤에 "왜, 댓글 삭제했냐?"면서 댓글 도배를 하더군요. 한참을 고민하다가 지인 유튜버의 조언을 받아 '채널에서 사용자 숨기기'를 통해 악플을 해결할 수 있었습니다. 유튜브에서 제공하는 좋은 기능 중에 하나로 '채널에서 사용자 숨기기'를 하게 되면 해당 댓글을 단 사람은 본인의 댓글을 볼 수 있지만, 유튜버와 다른 시청자에게는 그 글은 물론이고 이후에 게시하는 댓글까지 모두 보이지 않게 됩니다. 유튜브 강의를 하다 보면 1~2년 이상 유튜브 채널을 운영해 온 유튜버들 중에서도 은근히 '채널에서 사용자 숨기기' 기능을 모르고 계신 분들이 많더라고요. 처음 듣는 기능이라면, 이제부터 1차적인 악플러 처리는 이 기능으로 활용하세요! ^^

그리고 이런 경우도 있었어요.

전원주택을 지으면서 고민하게 되는 '태양광 패널' 설치에 대해서 공중파 뉴스 등의 정보를 인용하고, 이웃들의 실사용 후기를 중심으로 팩트 체크하여 정보성 영상을 제작하였는데요. 제 정성과 의도와는 달리 영상을 게시하고 나서 난감한 상황이 벌어졌습니다.

제 채널의 주 구독자층에 60~70대 어르신들이 많은데, 이쪽 연령층에 보수적인 정치색을 가진 분들이 많다 보니, 순수하게 태양광 패널 설치의 장점들을 이야기하는 단순 정보성 영상임에도 불구하고 당시 진보 정권의 탈원전 정책과 엮어서 듣도 보도 못한 욕설과 함께 비난의 악플들이 달리더라고요. 그런데 차라리 욕을 하는 것은 그냥 무시하고 '채널에서 사용자 숨기기'로 처리하면 되지만, '찐' 구독자분들의 나름 정중한 (?) 인사 댓글과 함께 '구독 취소' 러시가 일어났습니다.

"가온파님, 그동안 좋은 정보도 공유해 주시고 인상도 좋으셔서 구독하고 자주 영상을 보고 있는데, X빠인 줄은 몰랐네요. 실망입니다. 구독 취소하고 나갑니다."

한동안 이런 댓글들을 보면서 망연자실하여 추가 영상을 못 올리겠더라고요. 이때 깨달았죠. 옳고 그름을 떠나서 나의 주요 시청자층이 어떤 성향인지를 분석해서 그 시청자층이 싫어할 만한 민감한 주제는 채널에서 다루지 않아야 한다는 것을요.

조금 생뚱맞게 들릴 수 있겠지만, 악플에 대한 가장 좋은 대처 방법은 '구독자와의 활발한 소통'과 '솔직한 유튜버의 태도'라고 생각합니다. 진솔한 이야기를 담은 영상들을 꾸준히 업로드하고 구독자분들과 댓글, 라이브 채팅, 커뮤니티 기능들을 활용하여 꾸준히 소통해 가다 보면, '찐 구독자', '찐 팬'들이 생겨나게 됩니다. 이렇게 되면 악플이 달리게 되더라도 구독자님들께서 발 벗고 나서서 악플러에 대응해 주시고 선플로 도배를 해주시기도 하더라고요. ^^

이번 장에서는 〈가온파의 힐링하우스〉 유튜브 채널을 7년여간 운영해 온 경험을 바탕으로 독자 여러분이 10만 유튜버까지 성장해 나가는 데 꼭 필요한 내용들을 이야기해 봤는데요.

여러분, 앞서 말씀드렸다시피 지금이 유튜브 시작하기 가장 좋은 시기입니다.

⑥

결국 OOO이
해답이다

지금 이 책을 읽으며 대형 유튜버를 꿈꾸고 계시는 독자분들이 성공하는 지름길은 무엇일까요? 혹자들이 레드오션이 돼버렸다고 하는 유튜브 플랫폼에서 1인 크리에이터로 살아남는 방법은 무엇일까요?

5장에서 말씀드린 내용들에서 실마리를 찾으신 분도 계실 텐데요. 이번 마지막 장에서는 좀 더 근원적인 답에 접근해 보도록 하겠습니다.

유튜브 채널을 개설하여 수익화하는 과정은 여느 소상공인의 창업 과정과 크게 다르지 않습니다. 매장 오픈 준비를 하듯이 유튜브 플랫폼에 채널 개설 준비를 해야 하고, 단골손님을 만들기 위해 '맛있는 요리'를 만들고 친절하게 서빙을 해야 하듯이 시청자를 구독자로 만들기 위해 '매력적인 영상'을 제작하고 자막 서비스와 댓글로 적극적인 소통을 해야 합니다. 오프라인이냐 온라인이냐의 차이가 있을 뿐, 결국 내가 만든 요리를 혹은 영상을 지속적으로 소비하게 만드는 것이 비스니스 성공의 핵심입니다.

결국 '맛있는 요리'와 같은 '매력적인 영상'을 만들 수 있다면 유튜버로서의 성공은 그리 어렵지 않을 것입니다. 여기서 말하는 '매력적인 영상'은 저가 스마트폰으로 촬영한 B급 콘텐츠물부터 화려한 CG 효과와 고해상도 카메라로 촬영 편집된 기획물까지 다양한 영상 콘텐츠들이 있을 텐데요. 요즘은 AI 저작도구를 활용하여 새로운 컨셉의 영상을 쉽게 제작하는 유튜버들도 점점 늘어나고 있습니다.

가온파도 하루가 다르게 업그레이드되고 있는 영상제작과 관련된 AI 기술을 관심 있게 지켜보고 있는데요. 최근에 접한 AI 저작도구 몇 가지를 소개해 드리겠습니다.

먼저 올 초에 Open AI에서 발표하여 전 세계의 영상업계 종사자들을 긴장시키고 있는 'SORA'를 이야기하지 않을 수 없겠네요. 텍스트 기반의 AI 영상 저작도구인 'SORA'는 몇 마디의 문장을 입력하는 것만으로도 마치 타임머신을 타고 미국 서부 개척 시대로 돌아가 직접 드론을 날려 거리 풍경을 촬영한 듯한 고품질의 영상을 제작할 수 있으며, 현실에서 불가능한 상상 속의 상황들을 손쉽게 영상으로 제작할 수 있습니다.

아직 일반 대중에게는 서비스 오픈이 되지 않아서, 저는 베타 버전으로 서비스 중인 'Haiper AI'를 이용하여 영상을 제작해 보았는데요. 무료 베타 서비스 중이라 2초짜리 짧은 영상 몇 편만 만들어 보긴 했지만, 앞으로 영상 만들기가 얼마나 쉬워질지 기대와 설렘이 생기더라고요.

Haiper Ai 로 생성한 영상 이미지

왼쪽의 이미지는 'Haiper AI'를 통해 '20대 한국인 여성이 벗꽃 휘날리는 호숫가의 벤치에서 통기타를 치고 있는 영상'을 만들어 달라고 영어로 번역하여 입력해 몇분 만에 만들어진 영상의 캡쳐 화면입니다. 자세히 보시면 활짝 핀 벗꽃과 호수가 아웃포커싱되어 감성적인 느낌이 물씬 풍기고 있습니다.

이렇게 만들어진 영상에 'Suno AI'를 이용해 작곡, 작사를 하고 보컬까지 입혀진 음원을 삽입하여, 다국어 더빙까지 가능한 '클링(Klling)', 'Heygen' 같은 립싱크 AI를 활용해 완성도 높은 영상을 만든다면? 스튜디오에서 커버 송을 부르며 수백만 구독자를 보유하고 있는 대형 커버송 전문 유튜브 채널과도 한번 경쟁해 볼만 하지 않을까요?

이런 편의성에도 불구하고 AI 저작도구를 활용한 영상 제작은 신중해야 합니다. AI가 만들어 낸 콘텐츠에 대해서는 저작권을 인정하지 않는 분위기이고, 아직 AI가 기존 창작자의 저작권을 침해하는 문제에 대해서는 소송으로 이어지며 논란이 지속되고 있기 때문입니다. 그런데 유튜버 입장에서 저작권 문제보다 더 심각한 문제가 남아 있습니다. 너무 쉽게 영상을 찍어내듯 제작할 수 있다 보니, 여기저기서 AI 저작도구로 떡상한 영상들과 비슷한 컨셉의 영상을 마구 찍어내 업로드하기도 합니다. 시청자들이 볼 때는 자신이 본 영상이 이 채널의 영상인지, 저 채널의 영상인지 구분이 잘 안되는 경우도 생기고 있습니다. 이로 인해 유튜브에서는 단순히 AI로만 제작한 콘텐츠를 규제하는 움직임도 보이고 있습니다.

그럼, 유튜브 성공의 핵심 키워드인 '매력적인 영상'은 어떤 영상일까요?

저는 사람 냄새나는 '진정성'이 묻어나는 영상이라고 생각합니다. 유튜브 채널에 업로드한 영상은 결국 사람이 시청하기 때문입니다. 재미를 추구하는 영상에서도, 정보를 전달하는 영상에서도 '진정성'이 묻어나지 못하면 떡상 영상이 되더라도 구독자를 폭발적으로 증가시키기는 어렵습니다.

조금 더 확장시켜 예를 들어 보겠습니다. 최근 들어 유튜브에서 쇼핑 기능을 설정한 영상에 대해 노출도를 높여주며 밀어주고 있다고 하는데요. 유튜브 쇼핑 연동 영상 한 편에 수천만 원에서 수억 원까지 매출을 달성한 사례가 속속 소개되고 있고, 이를 준비하고 있는 유튜버들도 점점 늘어나고 있습니다. 그런데 여러분이라면 써보지도 않은 제품을 AI 성우의 목소리로 더빙하여 제품만 보여주는 영상과 제품을 사용해 본 유튜버가 직접 출연해서 설명하는 영상 중에서 어떤 영상을 통해 상품을 구매하고 싶으신가요? 일반적인 소비자라면 두 번째 영상에서 구매하게 될 것입니다.

유튜브는 단순히 영상을 제공하는 플랫폼이 아닙니다. 영상기반의 SNS 플랫폼으로 분류되는 소통 기반의 채널이기에 더욱 '진정성'이 중요합니다. 그렇기 때문에 자신의 재능과 끼만으로 수십만의 구독자를 달성하고도 '진정성' 논란으로 채널을 접게 되는 사례도 심심찮게 접할 수 있는 것입니다.

앞서 말씀드렸듯이 유튜브 채널 운영은 '결승선 없는 마라톤'입니다. 그리고 긍정적으로 보자면 유튜버는 '정년이 없는 평생직업'입니다.

'쉽게 쉽게', 그리고 '빨리빨리' 달린다고 성공이 보장되지도 않으며, 혹여 일정 수준의 구독자를 확보하고 수익창출에 성공하였다고 해도, 사상누각처럼 한순간에 무너져 버릴 수 있는 판이 유튜브입니다. 그렇지만 '진정성'으로 무장하여 두터운 팬층, 찐 구독자들을 만들어 놓은 유튜버라면, 급작스런 유튜브 정책 변화에 대응하지 못해 영상 노출도가 낮아진다고 해도, 예기치 못한 실수로 채널 운영이 정지된다고 해도 금세 다시 일어서는 것을 볼 수 있습니다.

"가온파님 영상을 보고 있으면, 막 응원해 주고 싶어요."라고 말씀하시며 "영상에서 '진정성'이 느껴진다." 하시던 60대의 여성 구독자님 말씀이 떠오르네요. 이것이 제가 만 6년을 넘게 유튜버로 달려올 수 있었던 원동력이 아닐까 싶습니다.

유튜브 성공의 지름길, 생각보다 단순합니다. 영상 한 편, 한 편에 '진정성'을 담아가다 보면 어느새 여러분도 10만 유튜버, 아니 100만 유튜버의 자리에 우뚝 서 계실 겁니다.

유튜버 호캠프의 이야기

①

어쩌다
캠핑 유튜버가 되었나?

안녕하세요. 캠핑 유튜버 〈호캠프〉로 활동 중인 원호연입니다. 유튜브를 시작한 지 어느덧 4년 차가 되었습니다. 처음에는 아무것도 모르고 무작정 스마트폰으로 촬영을 시작했는데, 어느덧 구독자 3만을 바라보고 있습니다.

저는 여행을 좋아했어요. 대학교를 졸업하고 바로 여행사를 창업하였습니다. 여행이 좋아서 여행사 일을 시작했지만, 여행업의 현실은 제가 상상했던 것과는 차이가 있었죠. 저는 자유롭게 돌아다니는 여행을 즐기는 삶을 꿈꾸었는데, 여행사 사무실에 앉아만 있는 삶은 제가 꿈꾸던 직업이 아니었습니다. 2년이 안 돼서 운영 중인 여행사를 정리하고 세계 일주 계획을 세웠습니다. 동남아를 시작으로 호주, 뉴질랜드, 스리랑카,

몰디브, 유럽, 북미 등 약 1년이란 기간 동안 35개국을 다녀왔어요. 여행 경험을 쌓는 것이 저에게는 유학이고 공부라는 생각으로 여행을 다녀왔습니다.

여행을 마치고 귀국한 후에는 오히려 여행사 일을 다시 하고 싶지는 않았습니다. 자유로운 영혼을 사무실에 가둬둘 수는 없었습니다. 자유롭게 일을 하며 돈도 많이 벌고 싶었는데, 그 직업 중 하나가 유튜버라고 생각했습니다. '1인 미디어 콘텐츠 창작자', 혼자 자유롭게 일하면서 돈도 많이 벌 수 있다는 꿈을 가지고 유튜버를 시작했습니다

그런데 왜 저는 여행 유튜버가 아닌, 캠핑 유튜버가 되었을까요? 여행 유튜브를 준비하던 2020년 코로나19가 유행하기 시작했습니다. 준비했던 뉴질랜드 신혼여행도 다 무산이 되었고, 당분간 여행이 힘들어지겠다 싶었어요. 그래서 여행이 아닌 다양한 분야의 영상을 만들기 시작했습니다. 취미가 많은 저는 요리, 국내 여행, 결혼 준비 등 다양한 주제로 영상을 올렸지만 반응이 좋지 않았고, 어떤 유튜버가 돼야 할지 갈팡질팡 방향을 못 잡고 있을 때, 예전에 올렸던 캠핑 쇼츠 영상이 알고리즘을 타고 조회수가 늘기 시작했어요. 그 당시 구독자가 200명이었는데. 100명 절반의 구독자가 해당 쇼츠 영상을 보고 구독을 누르셨더라고요. 여기서 캠핑으로 방향을 잡고 캠핑 유튜버가 되기로 결심했습니다. 초기에 올렸던 캠핑과는 관련 없는 다른 분야의 영상들은 조회수가 잘 나온 영상이어도 전부 비공개 처리하였으며, 채널 이름도 바꿔 캠핑과 관련된 영상을 올리기로 하고 캠핑을 다니기 시작했습니다.

해외여행을 가기 어려웠던 코로나 시국에 캠핑 붐이 일어나며 캠핑 관련 영상들이 좋은 성과를 내기 시작했어요. 시대에 맞는 전환으로 캠

핑 채널로 변경하고 급속도로 성장을 했습니다. 구독자 수는 순식간에 천 명을 넘어 하루에 100명씩 꾸준히 증가하기 시작하더니 어느새 3천 명까지 순식간에 채널이 성장했습니다. 물 들어올 때 노 저으라는 말이 있듯이 저는 일주일에 3~4편씩 업로드하며 캠핑 정보 영상을 계속 만들었습니다. 1년 정도 지나니 구독자 만 명, 그리고 또 1년이 지나 구독자 2만 명이 넘었습니다. 2년 동안 구독자 2만 명, 빠르면 빠르고 느리면 느리다고 생각할 수도 있어요. 채널 성장은 개인차가 있으니까요. 하지만 제가 캠핑 유튜브로 빠르게 전환하지 않았다면 아직도 구독자 만 명이 못 되었을지도 모르죠. 초보 캠퍼, 즉 캠린이에 영상도 잘 찍을 줄 모르는 초보 유튜버가 2년 만에 구독자 수 2만 명이라면 빠르게 성장했다고 생각합니다.

저는 캠핑에 대한 지식이 많아서 캠핑 유튜버가 된 것이 아닙니다. 앞에서 얘기했듯이 저는 캠린이 때 유튜브를 시작했어요. 캠핑을 좋아하지만 캠핑 경험도 적고, 가지고 있는 캠핑 장비도 적고, 캠핑에 대한 지식도, 노하우도 많이 부족했습니다. 다만 코로나 시기에 갑자기 입문한 다른 캠퍼들에게 맞는 영상을 만들었어요. 당시 그런 영상이 많은 공감을 샀고, 빠르게 캠핑 유튜버로 자리 잡을 수 있었지요. 캠핑 영상을 만들어가며 저도 캠핑에 대해 알아간 것이죠. 지금은 캠핑에 대한 지식과 노하우도 많이 쌓이고, 캠핑 장비도 대부분 갖추고, 캠핑장에 가면 알아보는 사람도 꽤 많이 있습니다. 또 1년에 2번 캠핑 페스티벌을 주최합니다. 작년에 처음 시작했는데, 반응이 좋아 지속적으로 캠핑 페스티벌 외에도 다양한 오프라인 행사도 만들어가려고 합니다.

캠린이였던 제가 어쩌다 보니 많은 캠퍼들에게 인정받고 사랑받는 캠핑 유튜버가 되었습니다.

②
유튜브로
돈을 벌 수 있을까?

▶

저는 첫 영상을 올린 그날부터 전업 유튜버가 됐습니다. 수익이 하나도 없었지만요. 경제적으로 보면 백수라고 할 수도 있지만, 꾸준히 수익화를 위해 노력했습니다. 초기에는 유료 광고는 구독자분들이 원하는 방향이 아니라는 생각에 조회수로만 수익을 내려고 했습니다. 유튜브를 시작하고 유튜브 파트너 프로그램(YPP) 수익 승인까지 6개월이 걸렸습니다. 6개월 동안 수익 없이 적자만 봤었지요. 촬영한다고 이것저것 사고, 요리 콘텐츠를 만든다고 재료비 쓰고, 캠핑 촬영 다닌다고 기름값도 많이 들었죠.

YPP 승인 필요 요건은 구독자 천 명 이상, 지난 1년간 공개 시청 시간 4,000시간이어야 합니다. 시청 시간이야 영상을 계속 올리면 언젠가는 채울 수 있겠지만, 구독자 천 명은 언제 확보할 수 있을까? 구독자 늘리는 게 쉽지 않았어요. "구독자 천 명 한 달 수익?", "유튜브 첫 월급은 얼마?" 등 유튜브 시작 초기에 이런 콘텐츠들 많이 찾아볼 거예요. 저도 많이 찾아봤었지요. 하지만 다른 분들과는 상황이 달랐어요. 저는 구독자 천 명을 확보했을 때 한 달에 얼마나 벌었냐고요? 알 수 없어요. 구독자 천 명대가 순식간에 지나갔습니다. 구독자 500명 정도, 시청 시간 2천 시간이 조금 넘었었는데, 캠핑 컨셉으로 전환하고 나서 짧은 시간에 채널이 성장했어요. 하루에 100명씩, 150명씩 구독자가 쭉쭉 늘어 실질적으로 구독자가 천 명대였던 날은 11일밖에 되지 않고, 2천 명대도 순식간에 지나갔어요. 채널 컨셉과 방향성이 확실하게 잡히니, 제 채널을 좋아하는 구독자분들이 많이 생겼습니다.

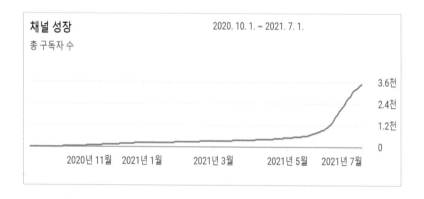

그럼, 떡상한 초보 유튜버의 수익은 얼마나 될까요? 천 명대, 2천 명대에서 고전하지 않고 쭉쭉 성장하는 채널의 초반 수익은 얼마나 될까요? YPP 승인이 6월에 나서 7월 수익은 15만 원밖에 되지 않았습니다. 8월 수익은 20만 원으로 조금 더 늘었습니다.

수익은 생겼지만 적자는 벗어나지 못했죠. 인건비는커녕 촬영 경비도 안 나오는 금액이죠. 하지만 저는 지금보다 구독자가 10배 많아진다면 지금보다 10배 많이 벌 거라고 생각했어요. 150만 원을 벌려면 구독자 3만 명은 돼야 할 것 같은데... 언제 3만 명이 될까요? 하지만 저에게는 시간이 많지 않았습니다.

유튜브에 영상을 처음 올리며 전업 유튜버가 되기로 결심한 날 아내와 약속했습니다. 아니, 사실 허락을 받은 거죠. 딱 1년만 해보겠다고. 1년 안에 직업으로 가능성이 안 보인다면, 그리고 월에 최저 시급만큼 수익을 올리지 못한다면 유튜브를 그만두고 취업을 하겠다고 말이죠. 10월이면 1년인데, 월 20만 원 버는 유튜버가 두 달 뒤에 얼마나 더 벌 수 있을까요? 9월 말에 올렸던 영상들이 조회수가 잘 나와서 수입은 늘었지만, 주업으로 하기에는 턱없이 부족했고, 10월 초 개천절 연휴에 집에서 멀리 떨어진 곳으로 캠핑을 갔다 오며 마지막 촬영이라고 마음먹었습니다.

그런데 10월 초에 조회수가 급상승하며 10월 수익이 유튜브 조회수 150만 원을 넘었습니다. 외주 광고를 제외하고 순수 유튜브 조회수에서 발생한 수익입니다. 다시 아내를 설득했지요. 1년 만 더 해보겠다고... 150만 원이란 수익이 직장인 월급에 비하면 턱없이 부족한 금액일 수 있으나, 1년 뒤에는 구독자도 2배 더 늘고, 수익도 2배가 더 늘 것이고... 이렇게 가능성이 보이자, 지금까지 투자한 1년을 위해 유튜브를 계속하기로 마음먹었습니다.

이때는 유튜브에서 주는 수익만으로도 충분하다고 생각되어 초기에 들어왔던 광고는 모두 거절했지요. 초보 캠퍼였던 저는 캠핑에 대해 알

려주기보다는 좋은 캠핑장이나 차박지를 소개하기 위해 전국을 돌아다 녔습니다. 매일 하는 일은 계속 검색하며 좋은 캠핑장소를 찾는다든지, 사전에 조사한 장소로 촬영을 하러 가거나, 아니면 집에서 편집하는 일을 반복했죠. 기계적으로 계속 영상을 만들었어요. 많이 올릴 때는 한 주에 4개씩 올렸습니다. 영상 길이는 길지 않았어요. 3~5분 정도 개수로 승부를 건다는 생각에 영상을 계속 찍어냈습니다.

156만 원을 벌었던 10월이 최고치였고, 11월에는 반토막, 12월에는 또 반토막, 2022년 1월은 첫 수익이 발생했던 지난해 7월보다 더 적게 벌었습니다. 구독자 수는 3~4배 더 늘었음에도 불구하고요. 유튜브를 계속하기로 결심하고 3개월 만에 수입이 10분의 1로 줄었으니까요. 제가 무엇을 잘못했을까요? 잘못된 길을 가고 있었던 걸까요? 초심을 잃은 걸까요? 멘탈이 무너졌습니다. 캠핑이라는 콘텐츠의 특성상 겨울이 비수기기 때문에, 추운 겨울에는 조회수가 잘 안 나올 수밖에 없습니다.

날짜 ↓	⊕	예상 수익	
합계		**₩3,143,371**	
3월		₩382,080	12.2%
2월		₩171,834	5.5%
1월		₩148,761	4.7%
12월		₩230,915	7.4%
11월		₩643,429	20.5%
10월		₩1,566,352	49.8%

저뿐만이 아니라 대부분의 캠핑 유튜버들이 겪는 문제입니다. 요즘은 동계 캠핑하는 분들이 많아졌지만, 예전에는 더 적었습니다. 동계 캠핑 인구가 늘어도 어쩔 수 없는 비수기에는 확실히 조회수가 잘 안 나옵니다. 따뜻해지는 3월부터는 조회수도 오르고 수입도 오르죠. 어쩌면 10월에 조회수가 잘 나오는 건 캠핑을 하기 좋은 가을이기 때문일 수 있죠. 6개월의 수입 314만 원, 그중 10월에 번 돈이 절반, 몇 개월 사이 10배 이상 차이가 나는 수입. 유튜브 조회수 수익만 믿고 전업 유튜버를 해도 되는 걸까요?

③
진짜 영향력있는
유튜버 되기

누구나 돈을 벌 수 있는 유튜브. 하지만 전업 유튜버를 할 만큼 벌 수 있을까? 유료 광고 영상은 구독자분들을 배신하는 일이라고 생각했죠. 그래서 초기에는 들어온 광고 대부분을 거절했어요. 하지만 이전 장에서 말씀드렸듯이 유튜브에서 주는 수익 가지고는 생계를 해결할 수 없어요. 6개월 동안 300만 원 조금 넘게 벌었지만. 사실 수익이라고는 할 수 없죠. 캠핑 아웃도어 분야는 외부에서 촬영하는 만큼 촬영하러 나갈 때마다 경비가 발생합니다. 캠핑장 예약비라든지, 촬영을 위한 먹거리 외에 소모품을 쓸 때도 많아요. 제 인건비도 안 나옵니다. 사실 돈을 번 게 아닙니다. 아직도 흑자 전환을 못 한 적자 사업이죠.

전업 유튜브는 사업입니다. 사실 모든 유튜브 채널이 사업이죠. 저는
생계가 걸린 일이고, 수익을 만들기 위해 유료 광고를 받을 수밖에 없었
습니다. 메이저 방송, 영화, 드라마 모두 간접 광고를 받아 제작비를 보
충하는데, 광고를 부정적으로 생각했던 제가 바보 같았죠. 구독자 만 명
이 넘어서 광고를 받기 시작했어요. 캠핑과 관련된 다양한 콘텐츠를 찍
으려면 캠핑용품도 많이 필요했으니까요. 그래서 일단 유료 광고를 진
행하되, 내 수익을 줄이고 제품을 더 받아 구독자 댓글 이벤트를 진행했
어요.

[댓글 이벤트] 수납하기 좋은 감 :
성화로대 스틸박스 헥사불멍…
조회수 6.7천회 · 2년 전
🌐 ↩ 👍 339 💬 423

첫 광고 영상

위의 사진은 제가 처음 진행한 유료 광고 영상에서 캡쳐한 것이에요.
조회수는 잘 나온 편인데, 댓글이 423개나 달렸죠. 모두 댓글 이벤트 덕
분이지만. 실질적으로 광고효과가 좋았다고 말할 수 있을까요? 아마 크
지 않았을 것 같아요. 하지만 댓글 이벤트를 진행하면서 라이브도 해서
인지 댓글을 다는 구독자들이 늘었고 소통하는 구독자들이 많아지긴 했
지만, 극히 일부입니다.

어느 날 다른 인기 유튜버의 영상을 재미있게 보고 있었는데, 치킨 브
랜드 광고 영상이었어요. '어, 광고였네?' 저는 충격을 받았습니다. 유료

광고라고 해서 단순히 제품을 소개하거나 간접 노출을 하는 게 아니라 제품을 홍보하기 위해 많은 기획과 연출을 통해 재미있는 영상을 만들 수 있다는 것을 배웠습니다.

캠핑을 하는 모습을 보여주며 그 속에서 제품을 노출하는 PPL 광고, 제품을 소개하며 추천하는 리뷰 형태의 광고도 있지만, 자연스럽게 제품이 필요한 상황을 연출하는 기획 광고도 있고, 정말 다양하게 유료 광고 콘텐츠를 만들 수 있겠다는 생각이 들었습니다. 어느 방법이 정답이라고 할 수는 없어요. 광고주와 협의해서 가장 재미있고 유익한 광고 영상을 만들면 됩니다. 물론 제품에 따라 많은 고민이 필요한 경우도 있고, 채널과 맞지 않는 광고는 과감히 거절할 줄도 알아야 합니다. 광고 성과가 좋으면 더 많은 광고주의 연락을 받게 되고, 선순환되어 조회수도 잘나오고, 채널 성장에도 큰 도움이 됩니다.

[캠핑카 타고 무료야영장] 대한민국 최고의 무료 야영장에서 캠핑카 라이프 ! ...
#캠핑 #노지캠핑 #무료야영장 #차박지 #모두의캠핑카
2022.09.07
▷ 14.4만 👍 1천 💬 157

캠핑 난로 차박 난방 간절기 캠핑 난방 이걸로 종결 등유난로 꺼내기전 이것부...
#캠핑 #캠핑난로 #차박난로 #차박난방 #동계차박
2023.09.10
▷ 4만 👍 220 💬 67

노지캠핑 차박지 무료 샤워실이 있는 절벽 뷰 맛집 노지 캠핑 차박 포인트 깨...
#캠핑 #노지캠핑 #차박 #차박지 #루프탑텐트
2023.10.25
▷ 2.6만 👍 259 💬 65

제가 올린 유료 광고 영상 중 조회수가 높았던 영상의 광고주님들과 지속적으로 소통하며 좋은 관계를 유지하고 있어요. 조회수가 잘 나온 만큼 홍보 효과도 있었겠죠. 위 영상의 광고주분들은 오프라인 구독자 정모 행사의 협찬사가 되었습니다.

유튜버도 인플로언서입니다. 영향력이 있는 사람이죠. 여러분의 영상이 힘이 있고 파급력이 있어야 유튜브 조회수도 늘고, 유료광고 수입도 늘어날 것입니다. 저는 모두를 만족시키는 인플로언서가 되기 위해 노력하고 있어요. 광고주, 구독자, 그리고 유튜버 모두가 윈윈할 수 있는 콘텐츠를 만들어야 진짜 영향력이 있는 인플로언서 유튜버가 될 수 있다고 생각합니다. 광고주는 제품 홍보가 잘 돼서 좋고, 구독자는 재미있게 영상을 봤거나 본인에게 필요한 제품에 대해 설명을 들었다면 유익하다고 느꼈을 거고, 필요한 제품이라면 구매로 이어지겠죠, 저는 채널도 성장하고 수입도 생겼으니 만족스러울 수밖에 없죠.

유료 광고에 부정적인 생각을 가질 필요는 없습니다. 채널에 맞는 제품으로 재미있거나 유익한 영상을 만들 수 있다면 좋은 콘텐츠가 될 수 있습니다. 전업 유튜버를 꿈꾼다면 유료 광고 콘텐츠는 필요할 수밖에 없어요. 들쭉날쭉한 유튜브 조회수 수익만으로는 불안정한 사업이니까요.

좋은 광고 콘텐츠를 만들기 위해서는 광고 콘텐츠 제작을 계약하기 전에 아래 4가지를 꼭 체크하시길 바랍니다.

1. 광고 제품이 내 채널에 어울리는 제품인가?
2. 구독자들이 필요로 할 제품인가?
3. 내가 세일즈맨이라면 이 제품을 팔 자신이 있는가?
4. 이 콘텐츠의 조회수가 잘 나올 것 같은가?

채널의 오리지널 콘텐츠도 중요하지만, 전업유튜버로 살아남기 위해서는 유료 광고 콘텐츠, 협찬 콘텐츠도 잘 만들 줄 알아야 진짜 영향력이 있는 유튜버가 될 수 있습니다.

캠핑은 개미지옥이란 말이 있듯이 캠핑용품은 사도 사도 끝이 없어요. 그 말은 수많은 캠핑 관련 업체에서 판매를 위한 제품을 지속적으로 개발하고, 광고 마케팅에 예산을 쓴다는 뜻이기도 합니다. 그래서 캠핑 유튜버들에게는 광고나 협찬 제안이 정말 많이 들어옵니다. 하지만 캠핑용품을 제작하는 업체는 대기업이 아니기 때문에 광고비를 넉넉하게 책정해 주지 않습니다. 광고비 없이 협찬으로 제안이 오는 경우가 대부분입니다.

캠핑장에서 캠핑용품을 리뷰하거나, 캠핑하는 모습을 보여주며 광고제품을 노출하는 PPL 광고 형태로 캠핑용품 광고를 많이 찍습니다. 하지만 요즘은 발상의 전환이 필요한 때입니다. 단순히 캠핑용품뿐만 아니라 폭을 넓혀 캠핑과 다소 연관성이 없어 보이는 제품도 기획하기에

따라 캠핑 유튜브 채널과 협업하여 광고를 할 수 있습니다.

가정용 커피머신 광고를 따내서 기획한 적이 있습니다. 사실 가정용 커피머신의 경우 출력 전압이 높아 캠핑장에서 사용하기가 어렵습니다. 이 제품을 어떻게 광고해야 할까요? 저는 해답을 쉽게 찾았습니다. 캠핑장에 일일 카페를 차렸어요. 사전에 캠핑장 관계자분께 전력 문제를 양해받았고, 대용량 배터리를 가져가서 커피머신으로 일일 카페를 차렸습니다. 캠핑장에 계신 분들 그리고 응원하러 오신 구독자분들께 커피를 드리며 콘텐츠를 만들었죠.

캠핑과 가정용 커피머신 사이에는 연관성이 있을까요? 캠핑을 하는 사람들 모두 집에서 출발해서 캠핑이 끝나면 집으로 돌아갑니다. 애초에 저희 구독자들은 캠퍼이기 전에 가정에서 생활하는 평범한 분들입니다. 집에서 캡슐머신이나 가정용 커피머신 혹은 드립커피를 내려 마시거나 믹스커피를 마시죠. 단지 캠핑을 좋아해서 가끔 캠핑을 가는 분들일 뿐이에요. 이렇게 가정용 커피머신과 캠핑 사이에 연관성이 생겼습니다.

콘텐츠 기획은 하기 나름입니다. 꼭 광고 콘텐츠가 아니더라도 채널의 분야적인 한계에 갇혀있지 마시고 더 독특하고 다양한 창의적인 콘텐츠를 기획해 보시길 바랍니다.

④

화면 밖
인플로언서

▶

  저의 직업은 유튜버입니다. 유튜버란 직업을 정확히 뭐라고 설명할 수 있을까요? 단순히 유튜브에 영상을 올리는 사람이 유튜버일 수 있지만, 유튜버는 1인 미디어 창작자, 흔히 얘기하는 콘텐츠 크리에이터라고 생각됩니다. 누구나 유튜버는 할 수 있습니다. 누구나 노래를 만들면 작곡가가 되고, 그림을 그리면 화가가 되고, 글을 쓰면 작가가 될 수 있죠. 아, 저는 지금 작가가 되고 있네요. 유튜브에 영상을 올리기만 한다면 누구나 유튜버가 될 수 있습니다. 구독자가 모이고, 채널 규모가 커지고 영향력이 생기면 인플로언서라고 할 수 있죠. 인플로언서가 꼭 SNS에서 활동하는 사람이 아닌, 영향력 있는 사람이 될 수 있고, 온라인을 벗어나 오프라인에서도 그 영향력을 끼칠 수 있다고 생각합니다.

캠핑은 컴퓨터로 하는 것이 아닌, 야외에서 하는 거잖아요. 구독자 정모를 20223년 5월에 처음으로 시도하게 되었습니다. 캠핑장을 대관하여 사람들을 불러 모았습니다. 순식간에 50팀의 가족들이 모였습니다. 얼추 150명이 넘는 인원이었죠. 저와 함께 캠핑을 즐기러 온 구독자분들을 위해 선물을 챙겨드리고 다양한 이벤트를 준비하여 즐거운 시간도 가졌습니다. 이때 제가 가진 영향력을 실감을 할 수 있었어요. 평소에는 저를 알아보는 사람이 없어요. 간혹 캠핑장이나 캠핑 박람회에서 만나면 인사하고 나서 사진을 찍고 싶어 하는 분들이 계시기는 합니다. 쑥스럽지만 알아봐 주시는 구독자분들께 감사하죠.

하지만 구독자 정모를 진행하니, 여기서는 완전 제가 주인공이 되었습니다. 캠핑장에 모인 약 150명의 인원 모두가 저와 제 아내를 알아보고 인사를 합니다. 인기를 즐기는 것이 아니라 제가 하는 말, 제가 만든 영상의 영향력을 실감하게 됩니다. 캠핑을 좋아하는 이 많은 사람들을 보고 나서 제가 만든 캠핑 영상의 중요성을 깨닫게 되었어요.

〈호캠프〉의 정모는 재미있고 선물도 푸짐하다는 입소문이 나기 시작해서, 이제는 서로 가고 싶어 하는 캠핑 행사 중 하나가 되었습니다. 2023년 가을에 개최한 할로윈 캠핑 페스티벌은 90팀이 참가한 초대형 캠핑 페스티벌이 되었습니다. 매년 지속적으로 봄, 가을 캠핑 페스티벌을 기획할 생각입니다. 오프라인에서의 좋은 성과가 쩐 구독자 증가로 이어짐으로써 유튜브에도 긍정적인 영향을 끼치더라고요. 저를 걱정해 주시고 응원해 주시는 구독자분들도 많아지고, 캠핑 업계나 다른 동료 캠핑 유튜버분들에게도 주목을 많이 받고 있습니다.

　사실 오프라인 정모를 계획하기 전에 고민이 정말 많았습니다. 왜냐하면 저는 완벽한 사람이 아니기 때문입니다. 저뿐만 아니라 이 세상 그 누구도 완벽하지 않습니다. 영상에서 친절하게 캠핑 정보를 알려주던 저와 현실의 저는 다를 수 있습니다. 영상에서 기대했던 모습이랑 현실의 저는 다르게 느껴질 수 있죠. 아니, 다른 부분이 분명 있을 겁니다. 저에 대해 실망하는 부분이 생길 수 있죠. 그래서 오프라인 행사에서 구독자와의 만남이 두려워 미루고 또 고민도 했습니다. 그때 저에게 영감을 준 유튜브 채널이 있어요. 종합격투기 채널인데, 오프라인 대회를 열고 그 대회를 콘텐츠로 해서 채널의 메인 콘텐츠가 된 결과, 채널이 폭발적으로 성장했습니다. 여기서 영감을 받고 용기를 얻어 '호캠프 페스티벌'이라는 구독자 정모이자 캠핑 페스티벌을 기획하게 되었고. 매년 봄, 가을에 한 번씩 연 2회 캠핑 페스티벌을 개최하고 있습니다.

　원래 채널 이름은 〈호캠프〉가 아니었어요. 채널 이름을 여러 번 바꾸기도 했는데, 가장 오래 사용했던 이름은 〈호의로운 캠핑생활 호이쭈리

)였습니다. 호이쭈리가 인식이 강했으나 호캠프 페스티벌이 유명해지며 검색 수도 늘고, 관련 블로그나 카페 후기도 늘며 채널 이름을 〈호캠프〉로 변경했습니다. 이렇게 오프라인 행사가 제 유튜브 채널에 큰 영향을 끼친 것이죠.

지금도 포털사이트에 '호캠프' 혹은 '호캠프 페스티벌'을 검색하면 관련자료들이 많이 나옵니다. '호캠프 페스티벌' 자체는 수익성 행사가 아닙니다. 오히려 손해를 볼 정도로 많은 선물을 준비하고 다양한 이벤트도 구상했어요. 협찬을 많이 받긴 하지만 생각보다 행사 예산이 많이 들더라고요. 동료 유튜버는 묻습니다. 그렇게 고생하면서까지 캠핑 페스티벌을 진행하는 이유가 무엇인지? 채널 성장에 도움이 되는지? 행사 자체 수익성이 좋은지?

오프라인 행사 자체로만 본다면 저에게 큰 이득이 되는 건 없다고 답변합니다. 하지만 오프라인 만남을 통해서 사람을 얻고, 새로운 영감을 받아 새로운 방향성을 개척하기도 하고, 저와 제 유튜브 채널을 알리는 계기가 되었죠. 심지어 캠핑 박람회에 가서 캠핑 관련 업체분들과 인사를 하면 "정모 영상 봤어요. 행사를 크게 여시던데, 다음에 저희도 협찬할게요."라고 인사하시는 분들도 늘었어요. 캠핑 문화에 제가 만든 행사가 조금이라도 각인이 되었고, 이 행사를 통해 〈호캠프〉 유튜브 채널이 더 유명해졌습니다.

캠핑 시장에서만 효과가 있는 것은 아닙니다. 캠핑 행사에 협찬하는 업체는 캠핑 관련 업체 외에도 주류 회사, 식품 회사, 지역 식당까지 다양하게 협찬이 들어옵니다. 캠핑 브랜드를 넘어 정말 다양한 기업 및 브랜드와 협업을 진행했습니다. 앞서 말씀드렸듯이 모두 사람 사는 일입니다. 연결고리는 기획하기 나름인 것 같아요. 다양한 방법으로 기획해 보세요. 그중 하나로 오프라인 행사도 제가 추천해 드리는 방법입니다.

또 캠핑 페스티벌을 진행하며 얻은 영감으로 새롭게 진행하는 프로젝트가 앞에서 소개한 커피머신 광고 콘텐츠입니다. 캠핑 페스티벌은 아니지만, 캠핑장 속 일일 카페라는 오프라인 이벤트를 열어 커피머신을 홍보하는 것이죠. 조회수라는 게 잘 나올 수도 있고 못 나올 수도 있지만, 대략 예상 할 수는 있습니다. 적어도 캠핑 유튜버가 가정용 커피머신을 리뷰하는 영상은 조회수가 잘 나오기 어려운 콘텐츠입니다. 물론 개인의 능력이 뛰어나 재미있게 콘텐츠를 만들면 성공할 수는 있지만, 캠핑과 직접 연관성이 있는 제품은 아니기에 쉽지는 않을 거예요.

이 어려운 광고를 제가 따낸 건 오프라인 행사 때문이었습니다. 광고

주에게 기획서를 보내 오프라인 행사를 제안하여 광고를 따냈습니다. 처음 하는 콘텐츠라 조회수가 잘 나올지는 예상할 순 없지만, 적어도 오프라인 행사 때 오신 수십 명, 수백 명의 사람들에게 저를 각인시키면서 이 제품을 홍보할 수 있고, 무엇보다 시음 행사를 병행하는 것이 가장 크다고 생각했습니다. 음식이나 음료 등 먹는 것과 관련된 회사에서 시음, 시식 행사를 싫어하지 않아요. 하지만 시음, 시식 행사는 오프라인에서만 가능합니다. 오프라인에서도 도전을 해볼 가치는 있는 것이죠. 유튜버와 인플루언서는 온라인에서 활동하는 사람들입니다. 하지만 저는 오프라인과 온라인을 병행하여 활동하고 있습니다. 온라인, 오프라인 양방향으로 홍보 효과가 생긴 거고, 광고를 수주하는 데 있어 저의 경쟁력도 생긴 것이죠. 여러분이 가진 영향력을 오프라인에서도 활용할 것을 권해 봅니다.

⑤

결국 내 직업은 유튜버

▶

오프라인에서도 영향력을 활용하여 행사를 기획하고, 여러분이 가진 영향력으로 많은 인원을 모으기만 한다고 끝은 아닙니다. 결국 저는 유튜버입니다. 콘텐츠로 승부를 봐야죠. 제 영상이 조회수가 안 나온다면 아무 의미가 없습니다. 제가 진행하는 크고 작은 오프라인 행사들도 결국 콘텐츠이기 때문에 성공 여부가 중요합니다. 유튜브에 올린 영상이 조회수가 안 나온다면 실패나 다름없지요. 오프라인 행사를 기획한 가장 큰 이유는 제 유튜브 채널에 좋은 영향을 끼친다고 생각해서였습니다. 좋은 성과를 내고 있지만, 결국 유튜버는 영상으로 성공해야 합니다. 흔히 말하는 알고리즘을 타고 영상을 떡상시켜 채널이 성장할수록 채널의 가치는 올라갑니다. 그래야 수입도 늘고, 광고 단가도 많이 올라가죠.

하지만 이게 쉬운 일이 아닙니다.

이 세상에는 유튜버가 너무 많고, 우리나라에도 유튜버가 정말 많습니다. 제가 활동하는 캠핑 분야는 이미 레드 오션입니다. 지금도 수많은 사람들이 유튜브에 도전하고 있고, 신입 같지 않은 경력직 유튜버도 많이 보입니다. 다른 분야에서 활동하며 유튜브에 관한 지식을 쌓고 운영법을 파악한 다음, 높은 수준의 영상 퀄리티로 준비를 많이 해서 나오는 신생 유튜브 채널도 많고, 기획사에서 전략적으로 만들어 낸 유튜버도 많이 있습니다.

예전에는 방송계 종사자분들이 유튜브로 넘어와서 방송과는 전혀 다른 유튜브 환경에 좋은 성과를 못 내는 경우도 많았어요. 이제는 다들 적응하셨고, 많은 경험을 가진 프로들과 경쟁하는 것은 쉽지 않습니다. 큰 자본으로 규모 있는 콘텐츠를 진행하는 대형 유튜버들이 많아지고 있어요. 개인 유튜버가 살아남기란 쉽지 않은 상황입니다. 물론 다른 유튜버들보다, 프로 방송인보다, 대형 유튜버보다 조회수가 잘 나오는 영상을 만들라는 것은 아닙니다. 다만 대중들의 시간은 한정적이고, 일반 사람들 대부분이 일상의 남는 시간을 활용하는 게 유튜브 시청입니다. 코로나 관련 규제가 풀리고 다양한 활동들을 시작하면서 전 세계적으로 유튜브를 시청하는 전체 시간이 줄었습니다.

한정된 시간을 유튜브 영상을 보는 데 쓰도록 특별한 콘텐츠를 만들어야 합니다. 보다 유익하거나 보다 재미있는, 보다 신기한 콘텐츠를 만들어야 합니다. 매번 똑같은 영상 스타일로는 오래 갈 수 없습니다. 끊임없이 기획하고 새로운 콘텐츠를 연구해야 합니다. 그렇지 않으면 유튜브 시장에서 살아남을 수 없어요.

조회수	시청 시간(단위: 시간)	구독자	예상 수익
59.9만	1.6만	+5.6천	₩1,566,352

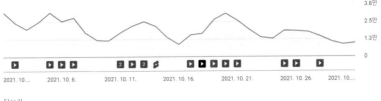

더보기

코로나로 캠핑이 한창 유행하던 시기에는 일주일에 영상을 4편씩 올렸습니다. 캠핑이 밖에서 하는 활동인데 어떻게 한 주에 4편 업로드가 가능했을까요? 영상 퀄리티는 높지 않았어요. 단순 정보성 영상으로, 다양한 캠핑 장소를 소개하는 영상으로, 3분 정도의 분량으로 공장처럼 영상을 막 찍어냈습니다. 그래도 조회수가 잘 나왔고 구독자도 많이 늘었습니다. 그 시기에는 그랬어요. 다들 캠핑에 빠져 캠핑을 가고 싶어 했고, 캠핑장 예약을 못해서 제가 추천해 준 캠핑장소로 캠핑이나 차박을 가려고 하는 구독자분들이 많았고, 편집과 촬영에 크게 공을 들이지 않아도 조회수가 잘 나왔어요. 지금은 그렇지 않습니다. 캠핑장 예약이 전처럼 어렵지 않고, 비슷한 콘텐츠를 하는 다른 유튜버분들도 많이 생겼습니다.

그럼, 이제는 어떻게 유튜브를 운영해야 할까요? 많은 분들이 쉽게 생각하는 유튜브 분야가 요리, 여행, 캠핑입니다. 실제로 제 주변에는 유튜브를 시작하고 요리나 여행, 캠핑 분야에 도전했다가 포기하는 분들이 많습니다. 촬영하거나 편집이 힘들기도 하지만, 그보다 조회수 생각보다 안 나와서 포기하는 것이죠. 초보 유튜버가 실패하는 이유는 대부분 기획이 제대로 되지 않아서입니다. 앞에서 말했듯, 제대로 준비하고 시작하는 경력직 신입 유튜버들과의 경쟁에서 밀리는 거죠. 비슷한 콘텐츠를 업로드했을 때 기존에 구독자가 많은 분들의 유튜버 영상이 주목받지, 구독자가 없는 유튜버의 영상이 주목받기는 힘듭니다.

저 또한 다양한 분야로 유튜브를 운영했었습니다. 요리, 여행, 웨딩, 브이로그 등 모두 실패하면서 깨달은 것이 많아요. 초보 유튜버가 가정집 주방에서 토마토 파스타를 정통 방식으로 힘들게 만든다고 해도 대중들은 좋아하지 않아요. 오히려 음식이 조금 괴상해 보여도 그 과정이 재미있고 흥미가 있어야 대중들은 관심을 가질 겁니다. 더 특별하고 더 창의적으로 콘텐츠를 기획해야 합니다. 더 특이한 요리, 더 특이한 여행, 남들과 다른 캠핑 콘텐츠와 같이 남들과 다른 새로운 콘텐츠를 만들어 보세요.

유튜브 채널을 떡상시키는 가장 좋은 방법은 콘텐츠로 승부를 보는 거죠. 처음부터 완벽할 수는 없지만, 꾸준히 좋은 콘텐츠를 만들기 위해 노력해 보세요. 다른 사람의 영업장에서 촬영해야 하는 콘텐츠의 경우, 초보 유튜버분들은 촬영 협조도 받기 힘들어요. 그래서 초반에는 기획력이 가장 중요합니다. 기획이 좋다면 촬영 협조도 받기 좋고, 광고 수주도 받기 좋고, 무엇보다 콘텐츠가 잘 나와야 영상이 성공할 수 있습니다. 단순히 제품을 리뷰하는 영상, 단순히 좋은 팁을 전하는 영상 말고 클리셰를 깨는 그런 영상을 기획해 보시길 추천드립니다.

저 같은 경우에도 별 볼 일 없을 수 있는 콘텐츠 기획으로 성공한 영상이 있어요.

맙소사! 장박 5일 만에 텐트가 털렸어요 ! 아무도 없을 때…

조회수 5.1만회 · 1년 전

🌐 ⤴ 👍 176 💬 94

첫 번째로 기획이 잘된 영상은 "맙소사! 장박 5일 만에 텐트가 털렸어요…"라는 영상이에요 시간이 되신다면 유튜브에서 한번 찾아보시길 바랍니다. 섬네일과 제목 문구를 보면 장박지에 도둑이 들어와 난장판을 만든 것 같지만. 사실 범인은 길고양이예요. 더 자극적인 상황을 예상했던 시청자분들 중에 실망하시는 분들도 많겠죠. 아내와 장난을 치며 애교로 봐달라는 듯이 재미있게 영상을 만들었습니다. 비수기인 겨울시즌에 선방했던 영상입니다. 고양이가 들어온 건 우연이었고, 사실 작은 해프닝이었지만, 흔히 유튜버분들이 말하는 '유튜브 각'이 나온 것이죠. 이걸 어떻게 반응하고 대처하는 것이 기획입니다. 작은 해프닝도 어떻게 기획하느냐에 따라 좋은 콘텐츠가 되고, 조회수 떡상의 비결이 될 수 있습니다.

우중캠핑이 힘드셨나요 ? 딱 이렇게 준비하시면 우중 캠…

조회수 3.3만회 · 10개월 전

🌐 ⤴ 👍 230 💬 99

두 번째 기획 영상은 "우중캠핑이 힘드셨나요?…"라는 영상이에요. 이 영상은 광고 영상입니다. 하지만 우중캠핑 팁을 알려주며 그 속에 광고 제품이 우중캠핑에 크게 도움을 주기 때문에 추천하는 방향으로 자연스럽게 흘러갑니다. 광고 콘텐츠는 시청자들에게 반감을 사기 쉽습니다. 드라마나 영화 혹은 예능 프로그램에도 광고는 정말 많이 포함되어 있지만, 유독 유튜브에서는 광고에 민감합니다. 그렇기에 제품을 리뷰하는 광고보다는 이렇게 자연스럽게 콘텐츠를 기획하는 것을 추천드립니다.

2024년 주목할 신상 텐트 브 :
랜드 8 캠핑용품 트랜드를…
조회수 2.7만회 · 1개월 전
🌐 ⤵ 👍 93 💬 27

세 번째 기획 영상은 "2024년 주목할 신상 텐트 브랜드 8…"라는 영상입니다. 이 영상은 특이할 게 없는 박람회 영상이에요. 박람회 영상은 워낙 많은 유튜버들이 같은 날 올리고 박람회가 끝나면 인기가 금방 식는 영상입니다. 저는 개인 일정상 박람회 마지막 날 영상을 올리게 되었고, 관심을 갖고 있던 사람들은 이미 다른 유튜버의 박람회 영상을 시청한 상황이라 조회수가 많기 힘든 영상이었으나, 박람회에서 마음에 드는 텐트를 몇 개 골라 신상 텐트 위주로 컨셉을 잡았습니다. 주목받기 힘든 상황에서 섬네일과 제목, 그리고 약간의 컨셉을 추가하여 좋은 성과를 냈던 영상입니다. 이렇게 섬네일과 제목을 잘 기획하면 좋은 성과를 낼 수 있습니다. 하지만 영상과 맞지 않는 자극적인 주제를 내세운다면 오히려 역효과가 날 수 있어요. 영상 주제에 맞는 선에서 최대한 관심을 끌 수 있는 섬네일과 제목을 기획해 보세요.

 캠핑장 달인이 뽑은 무료 캠핑 ⋮
장 TOP 5 겨울에도 개방된…

조회수 6.1만회 · 6개월 전

🌐 ↰ 👍 805 🗨 68

 캠핑장의 달인 추천 벚꽃 캠핑 ⋮
장 10곳 벚꽃 캠핑 예약을…

조회수 2.5만회 · 3개월 전

🌐 ↰ 👍 304 🗨 29

촬영부터 기획이 잘된 영상이 있다면 반대로 기획 편집으로도 좋은 영상을 만들 수 있습니다. 캠핑 브이로그를 촬영하며 가볍게 찍은 영상들 중 캠핑장을 소개하는 부분만 모아서 캠핑장 모음집 영상을 만드는 것도 또 하나의 방법입니다.

영상을 기획하면 좋은 성과를 내는 경우가 많습니다. 단순히 남들과 같은 스타일의 영상을 만드는 것보다 본인만의 특이한 콘텐츠를 기획해보세요. 좋은 콘텐츠를 기획하는 것이 유튜브 성장의 핵심입니다.

독자분들 중에서 이렇게 생각하시는 분들도 계실 겁니다.

"캠핑? 나는 하나도 관심 없는데."

저처럼 캠핑 유튜브를 하라는 것이 아닙니다. 오히려 "캠핑 유튜브는 하지 마세요."라고 말하고 싶습니다. 이미 레드오션이고 캠핑 시장은 그렇게 넉넉치 않습니다. 제가 유튜브 채널을 어떻게 성장시켜 왔는지 겪어온 이야기를 읽고 본인에 맞게 잘 적용해 보시면 유튜브 채널 성장에 큰 도움이 될 것입니다.

화니의 주방 이야기

①

어쩌다
쿠킹 유튜버가 되었나?

▶

"어쩌다 쿠킹 채널을 운영하게 되었냐?"고 질문을 받게 된다면 "흐음…. 글쎄? 덕업일치하고 싶어서."라고 대답하겠습니다.

저의 이전 직업에 대해서 살짝 밝히자면 대학 연구원이었고, 군 CERT에서 보안 전문가로 있었으며, 제대한 후에는 요리사가 되었습니다.

전공, 이전 직업과는 상관없는 요리사라는 직업을 택한 이유는 역시 '덕업일치'를 하고 싶어서…. 이전부터 취미가 요리였고, 대학 시절에는 레스토랑에서 일하는 등 요리에 푹 빠져 있었거든요.

그렇지만 학업과 병역을 마친 후 취업난에 대한 돌파구로 '에이~ 덕업일치해 보자!' 하며 택하게 된 것이었지요.

정확히는 제대 후 첫 직장이 블랙기업이었고, 이후부터 가는 곳마다

꼬이더군요.

당연한 일이지만 이상과 현실에는 차이가 있는 법! '요리사' 신분으로 하는 요리는 저에게 전혀 맞지 않다는 것을 알게 되었습니다. 요리와 관련되어 남에게 이래라저래라 지시받는 것을 극도로 싫어했거든요. 물론 이론과 실무 모든 면에서 배울 것이 있는 상대라면 굽히고 들어가겠지만, 그렇지 않은, 소위 '곤조'들이 너무나도 많았어요.

그들이 건들면 그대로 맞받아치는 방식으로 대응했기에 업장을 참 많이도 옮겨 다녔습니다. 몇 년 전부터 '셰프'라는 단어를 참 많이 쓰는데, 전 이런 단어를 별로 안 좋아합니다.

소기업보다 규모 작은 식당 주방에서 경력 좀 높다고 왕 행세를 한다든가, "너도 참고 견디면 이 자리 오를 수 있다."라고 하며 조리장, 칼판장, 면장, 과장, 부장 등등등... 직원 한 명 한 명 직급 붙이는 거, 감투놀이하는 거 전 창피해서 못 하겠던데요?

　요리사라는 직업이 일하는 것에 비해 많이 버는 것도 아니고, 남들 쉴 때 일하는 직업이다 보니 '저런 식으로 감투라도 써야 오래 할 수 있는 것인가?'라는 생각도 들었습니다.

　즉, 내가 즐기고 좋아하는 것은 딱 요리뿐인데…. 이곳(식당 주방)에서는 다람쥐 쳇바퀴 돌듯 정해진 요리만 만들 뿐이니 별로 즐겁지도 않고, 감투도 그리 달갑지 않으니 '사격과 총을 좋아하지만, 군 생활은 전혀 맞지 않는….' 것과 비슷한 예라고 할 수 있죠. 이른 나이에 주방장 자리에 올랐다가 그만두고, 다른 곳에 보조로 들어가고…. 직급이 오르면 퇴사하고 다시 보조로 들어가는 생활을 반복하던 중 또 다른 세상에 눈을 뜨게 되었습니다.

　바로 '음식 이야기'였습니다. 휴일이면 식재료를 사서 이런저런 요리를 만들고 그것을 사진으로 남긴 후 그것에 얽힌 역사와 문화적인 배경을 섞어 나름대로 재미난 이야기를 쓰는 것이었죠. 음식은 당시 시대와 문화적 영향을 많이 받잖아요? 거기에 매료된 거죠.

즉, 요리사로서의 '요리'란 저에게 수익을 내기 위한 '일'이었습니다. 그렇게 번 돈으로 '유희'로서 하는 '요리'를 즐기는…. 소위 '요리덕후'의 삶을 살았다고 할 수 있지요. 사실 그도 그런 것이 요리사의 삶을 살면서 손님에게 지독하게 데여 '요리사'로서의 삶에는 감흥이 없었거든요.

그러던 어느 날 지인으로부터 DSLR 카메라를 선물 받았는데, 아마도 그것이 미디어에 관심을 가지게 된 계기였던 것으로 기억합니다. 음식 사진을 찍으면서 이전에는 볼 수 없었던 음식의 또 다른 모습에 매료되었고, 이후 영상에도 관심을 가지게 되었습니다. 가령 F1.8 렌즈로 파스타를 찍으면 내 눈으로 본 파스타보다 훨씬 찡한 멋과 감동이 있거든요. 당시 DLSR에는 영상기능이 있었기에, 영상 분야 역시 딱히 망설임이나 두려움이 없었어요.

그렇지만 무작정 시작할 수 없는 법…. 유튜브에서 여러 채널(대개 외국 채널)을 검색해 보며 내가 소화할 수 있는 포맷을 찾고 약 3개월 정도 연

오늘은 이 오향장육을 간단아~(찌만 시간은 쯤 걸려요) 만들어 볼거에요.

습을 했습니다. 영상편집 서적 두 권을 구입해 촬영연습과 편집연습을 병행했지요.

사실 그때까지는 '유튜버'를 직업으로 할 마음이 없었습니다. 블로그처럼 취미 혹은 부업 정도로 생각했습니다. 건강에 이상이 오기 전까진 말이죠. 요리사는 병을 얻기 쉬운 직업입니다. 주방을 자주 떠나면 안 되기에 물을 적게 마시기도 하고(화장실 자주 가면 안 되니까), 식사를 대충대충 할 때도 많습니다.

테이블 앞에 차려놓고 먹으면 불편해하는 손님이 은근히 많고, 그 눈치 신경 쓰는 오너가 뭐라 하는 경우도 부지기수거든요. 피지컬이 그리 좋은 것도 아니라서 1년 356일 통증에 시달렸었는데, 거의 매일 장복하던 진통 소염제가 문제를 일으킨 거죠. 지속적인 혈뇨를 본 그날 칼같이 퇴사 결정을 내렸던 것으로 기억합니다. 지금 돌이켜 본다는 정말 답 안 나오는 행동이었지요. 아직 유튜버 채널을 개설한 것도 아니고, 유튜브 활동으로 어떻게 수익을 낼지 구체적인 계획도 세우지 못한 상태였거든요. 그렇지만 몸을 망치며 계속 요리사 일을 하는 것보다는 다른 것을 하는 것이 나을 것이라는 생각이 먼저 들었습니다. 주기적으로 혈액투석 받는 미래를 떠올리니, '몇 년간 한량 생활을 하는 편이 좋지 않을까?' 그 생각만 났거든요.

아, 물론 '요리 주제로 유튜브를 하면 요리사 때와 달리 테이블 회전율, 마진, 진상 손님 같은 거 생각 안 해도 되지 않을까?'라는 '덕업일치' 때문인 것도 있습니다.

(이게 중요합니다. 유튜버는 1년 356일 주방에 서 있지 않아도 되고, 음식이 안 팔려도 망하지 않습니다.)

물론 세상일이 그리 만만하지 않듯 유튜버도 마찬가지랍니다. 카메라 켜놓고 먹방하고, 게임하고, 여행가고…. 그렇게 하며 조회수 올리면 돈 들어오고, 나중에 협찬 들어오면 지출할 일이 줄어드는데 뭐가 힘드냐고요?

드라마 〈미생〉에서는 이런 명대사가 나옵니다.

"회사 안은 전쟁터라고? 밖은 지옥이다."

회사를 떠나 택한 유튜버의 세계 역시 마찬가지랍니다. 유튜버 생활 8년 차…. 초창기 알고 지내던 지인 유튜버의 대부분은 소리 소문도 없이 사라졌어요.

무슨 일이 있었냐고요? 궁금하지 않으신가요?

지옥 최하층에서 숨죽이며 웅크리고 있는 한 유튜버의 생존수기 지금 시작합니다.

이상과 현실!
유튜버로서 현타가 왔을 때

▶

"유튜버는 돈 많이 번다며? 인기 얻을 수 있고 좋겠다. 우리 애도 좀 출연시켜 줘라~"

주변에서 많이 듣는 이야기입니다. 표면적으로 보면 그럴 수도 있겠죠? 공중파나 케이블, 영화, CF에 나오는 연예인급은 아니더라도 엄연히 '방송인'이라 할 수 있고, 방송인은 일반인에 비해 알려지기 마련이니까요., 그러나 멋지고 화려한 연예인들에게 숨겨진 속사정이 있듯 유튜버도 마찬가지입니다.

특히나 1인 방송을 하는 사람들에 대한 시선은 그리 곱지만은 않습니다. 제 경우, 아래와 같은 시선으로 보거나 하대하는 경우를 많이 접했답니다.

'스타 셰프처럼 요리로 성공하고 싶어서 쿡방영상 만들어서 올리는 광대.'

쿡방영상에 각종 평론이요~ 이거 오리지널이 아니다. 오리지널을 유지해야 진정한 '요리사' 아니겠느냐? 집에서 휴대용 버너 펼쳐놓고 요리하는 건 '소꿉장난' 같다. 터보팬 있는 버너로 요리해야 '프로다워' 보인다. 유명 레스토랑에 취직하고 싶다면 유튜버보다는 이○○ 셰프님이 운영하시는 중식당 찾아가서 써달라고 하는 편이 좋지 않겠느냐?

뜨거울때 담기보다는 담은 후 스팀이나 전자레인지를 쓰시는게 좋습니다.

저는 전혀 생각도 안 했는데 여기에 의미 부여를 하고 자신의 가치관을 남에게 강요하는 사람들을 많이 접했습니다. 솔직히 악플보다 '조언'이라는 의도로 그런 류의 말을 하는 사람들이 더 싫었어요. (차라리 변태같이 생겼다고 욕해주세요.)

이젠 1인 미디어의 시대다~ 유튜브의 시대다~ 하며 지자체나 기관에서 콘텐츠 제작자를 양성하기 시작한 게 이미 몇 년 전입니다만, 어엿

한 직업으로 인정받는 것은 아직 시기상조인 듯해요.

"당신 인기 얻으려고 이거 하는 거잖아? 여기 나오면 당신 채널이 홍보될 터이니 우리가 원하는 것을 해 달라!"라고 하며 무리한 것을 요구하는 일도 빈번하게 있거든요. 비지니스 이야기하자고 해서 지방까지 갔더니 "지금 내 사업을 도와주면 화니님이 TV 나올 수 있게 힘을 써보겠다."라는 제안을 한 대표님도 있는 걸요. 뭘 도와달라고 했냐고요?

"앞으로 쿡방에서 타사 제품이 아닌 우리 제품을 써달라. 그리고 영상에서 약 1~2분 정도 제품에 대해 소개해 달라."라는 말과 함께 회사 제품을 활용한 요리 위주로 하라고 하더군요. 그때 제작비 이야기를 했더니, 이렇게 말씀하시더군요. "그래서 도와달라고 한 건데? 내 아는 사람이 PD라… 화니 님 TV 나오게 할 수도 있어요! 이O복이나 여O래처럼 되고 싶지 않아요? 당신 그러고 싶어서 이거 하는 거잖아요?"

과거 연예인 지망생을 상대로 빨대 꽂는 소속사가 많았었잖아요? 전 유튜버하면서 그런 일을 많이 겪었어요. 즉, 사업하는 사람 간의 거래라면 말도 안 되는 요구…. 너무나도 당연스럽게 받고 있다고 보면 된답니다.

가끔 방송국에서 영상 소스를 요구하는 일도 있습니다. 원래는 구매해야 하는 영상 푸티지… 그 대가는 '출처 표기'였습니다.

사용 동의와 출처 표기는 당연한 건데, 그것을 굉장한 대가를 지불하는 것처럼 말하더군요.

메이저 미디어에 채널 이름이 언급되면 구독자 유입이 될 테니, 그걸로 되지 않겠느냐? 이게 아니면 뭐겠어요?

출처 표기를 한다면 그나마 양반입니다. 방송 직전에 출처 표기를 빼

버리는 일도 있다고 해요. 즉, 정당한 대가를 받아야 하는 '영리' 목적에 대해서도 유튜버의 영상물은 '공짜'처럼 써도 된다고 생각하는 사람들이 많다는 것이지요.

몇 년 전부터 요리 신청을 받지 않게 되었어요. 이유인즉, '업소용 레시피' 올려달라는 사람들이 많아졌거든요. 혹은 창업하는데 아는 요리사가 없으니 와서 오픈을 쳐 달라든지….

즉, 공들여 콘텐츠를 만들었는데 더더더 하며 재능기부를 요구하는 사람들을 많이 접하곤 한답니다.

참 정말이지…. 초창기나 지금이나 그런 일을 겪을 때면 현타가 온답니다. 아, 물론 현타도 상/중/하가 있답니다. 그중 가장 최상급 현타는 뭐니 뭐니해도 같은 유튜버가 '재능기부(강탈)' 요구할 때죠.

주변 지인들로부터 이런 이야기를 많이 듣습니다.

"악플 받으면 힘들지 않냐? 다는 사람은 그거 하나겠지만 보는 사람은 수십, 수백 개일 텐데… 나라면 멘탈 나가서 못하겠다."

일단 고마운 생각이 먼저 들더군요. 내 걱정을 해주는 것이니까요. 그때마다 웃으며 이렇게 대답해 줍니다.

"술도 마시다 보면 늘고, 매도 맞다 보면 는다고 악플도 자주 보다 보면 진부해서 웃음밖에 안 나와. 난 악플러보다도 같은 유튜버 때문에 스트레스받을 때가 많던데."

남자의 적은 남자라고 합니다. 여자의 적은 여자라고 하죠. 줄여서 '남적남/여적여'라고 하죠. 전 여기에 하나 더하겠습니다.

'유적유!(유튜버의 적은 유튜버)'

제 경우 다른 유튜버와 좀처럼 합방을 하지 않습니다. 합방 이야기가 나오면 "요리는 빼고."라고 말하죠. 이유인즉, '요리' 합방을 하게 되면 트러블이 생기는 일이 자주 발생하거든요.

그 원인은 여러 가지가 있는데요. 대표적인 요소를 하나 꼽자면 '제작비용'입니다. 쿡방은 보기와 다르게 비용이 많이 드는 장르입니다. 보통 쿡방 하면 재료비 때문에 고정지출이 많이 들겠네~ 보는 경우가 많지만, 사실 재료비는 전체 제작비에서 얼마 되지 않습니다.

예를 들어 쿡방에는 조리도구와 그릇 등이 필수가 되는데, 그 때문에 초기 투자비용이 발생하게 됩니다. 다이소에서 저렴하게 맞추려 해도 개수가 워낙 많기에 지출이 커질 수밖에 없죠.

– 천 원짜리, 5천 원짜리 쌓이면 20~30만 원은 순식이죠.

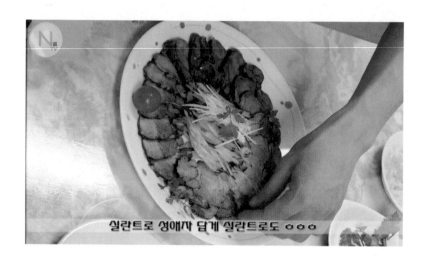

실란트로 성애자 답게 실란트로도 ○○○

합방 내지 팀 프로젝트를 진행할 때 늘 이런 말을 듣게 되더군요.

"이렇게 되면 사 먹는 것보다 많이 들지 않냐?"

당연히 '콘텐츠' 제작인데 식사 한 끼 비용보다 많이 들죠. 설마 식당 리뷰보다 돈 안 들 거라 생각했던 건가? 이후에 돈 많이 드니 자취 버전으로 하자든지…. 여기까지는 그러거니 하겠지만, "실력 없는 목수가 연장 탓을 한다고 요리사라면 적은 비용으로 해내야 하지 않겠느냐?"라고 선을 넘는 발언을 하는 유튜버도 있었어요. 이건 싸우자는 거죠. 그 외에도 다양해요. "여자 없냐?" 하면서 여성 게스트 찾는 일도 비일비재합니다. 요리해 준다고 하면 출연해 줄 여성이 있을 거라 생각하는 거죠.

(제가 제일 싫어하는 부류입니다. 여자 만나고 싶으면 용기 내서 직접 하세요.)

갑자기 전화를 걸어서는 "이틀 뒤에 막걸리 먹방할 건데 수제 막걸리 담가 오라~"라든지…. 심지어는 제 쿡방을 보고는 동파육 만들어 본인

작업실로 가져오라고 하는 유튜버도 있었어요.(아는 유튜버에게 도시락 배달해 주는 내용으로 합방을 하자고 하면서)

그런 합방에서 제가 얻게 되는 것은? "화니님, 요리 정말 정말 맛있습니다. 역시 셰프예요."라는 립서비스뿐! 아시죠? 저는 요리하면서 명예나 명성 같은 거 중요하게 생각하지 않는다는 거.(오타쿠에게는 명예보다 돈이 더 중해요. 식재료랑 집기류 질러야 하거든요!)

같은 세계에 있는 사람이라면 서로의 포지션을 존중해 줘야 할 텐데, 그렇지 않다고 할까요? 보통 사람들(비 유튜버)은 유튜버들의 일에 대해서 알지 못하며 알아야 할 필요도 없기에 악플이 달릴 수밖에 없다고 생각합니다. 그렇지만 같은 유튜버라면? 그게 아니잖아요.

하여튼 제 경우, 요리와 관련되어 디테일하게 주문하는 유튜버를 자주 접한답니다. 식당에서 메뉴판을 보고 음식을 주문하듯이 당연스럽게 제게 요구를 하는 것이죠. 물론 전 그때마다 이렇게 대답합니다. "좋아요. 대신 님도 OO 해주세요. 설마 요리랑 그거랑 같냐? 하시는 건 아니겠죠."

OO: 음악, 돈, 집 등등 상대방의 전문분야

③

희극 뒤에는
잔혹 동화가 있다

▶

"유튜버는 한 달에 얼마나 벌어요?"

유튜버가 가장 많이 받는 질문일 것이라 장담합니다. 한창 공부하는 10대 학생들도 말이죠. (깜짝 놀랐습니다. '라떼는' 선생님에게 돈 관련 질문은 안 했거든요.) 고종사촌도 '영상만 올려도 중소기업 대리월급'이 매달 들어온다고 믿고 있더라고요.

억대의 수익을 낸다고 알려진 유튜버….

그러나 실제로 그만큼을 버는 유튜버는 극소수일 뿐입니다. 예를 들어 영화감독이 모두 봉준호 감독님처럼 되진 않잖아요? 이연복 셰프님처럼 TV에 나오는 셰프도 전체 요리사 중 극히 일부일 뿐이고요.

유튜버도 마찬가지입니다. 보통 유튜브 조회수만 보고 '저 사람 한 달에 10억 번다~'라고 계산을 하지만 실제는 그렇지 않습니다. 조회수를 크게 올려도 시청자들이 중간에 있는 광고를 봐 주지 않는다면 수익이 나지 않거든요. 그래서 저는 유튜버의 애드센스 수익(조회수 수익)을 이렇게 표현합니다.

'버스킹 공연료'

버스킹 공연을 하는 인디 뮤지션은 티켓 공연을 하고 싶어 합니다. 왜냐하면 버스킹은 공연을 보고 나서 돈을 안 낼 수 있지만, 티켓공연은 티켓을 사야 하니까요. 공연을 하면서 수익이 안 나는 일을 언제까지 계속할 순 없거든요.

그렇다고 유튜브 채널에서 시청자들에게 광고 시청을 유도해서는 안 됩니다. '정책 위반'이거든요.

그래서 억대의 수익을 가져갈 것이라는 생각과 달리 유튜버들의 대부분은 큰 수익을 내지 못합니다. 참고로 제 경우, 유튜버 생활 2년 차⋯. 당시 '대한민국의 유일한 중식 전문 유튜브 채널'로 통했었는데 그때 애드센스 수익이 400~500달러였답니다.

왜냐하면 쿡방을 올리면 '레시피만' 보고 슉~ 나가버리거나, 건너뛰기하는 사람이 많았거든요. 10분 영상에 광고 2개 넣었다고 욕하는 사람도 많았고요.

재료	(4인분 기준)
새우	15마리
다진 돼지고기	80g
청경채	1~2개
대파	1/3개
생강	3g
만두피	1팩
에그누들	9롤
청주	1/2작은술
소금	약간
MSG(옵션)	약간
굴소스	1작은술
간장	1/2작은술
마늘기름	1/2작은술

즉, 〈화니의 주방〉 채널은 레시피를 얻어가는 레시피 뱅크 같은 채널이었던 거예요. 물론 해외의 쿠킹채널도 '레시피만' 다루는 경우가 많아요. 이유인즉, 유럽이나 북미의 경우 다소 루즈하고 긴 영상도 느긋하게 보는 경향이 강하거든요. 한국사람들은 성격이 급하다고 하잖아요. 유튜브 콘텐츠에서도 '빨리빨리'를 찾는 거죠.

또 해외에서는 레시피 채널에 협찬도 잘해 주는 편이에요. 즉, 유튜버가 돈 걱정 크게 하지 않아도 되니, 그만큼 요리 영상에 집중할 수 있는 거고요. 해외 레시피 채널은 영상이 예쁘지 않은 경우도 많아요. 요리법에 필요 이상의 영상미가 필요하진 않으니까요. 즉, 기능에 충실하다고 할까요? 그렇지만 우리나라의 경우, 레시피 채널이라도 '예뻐야' 해요.

국내에서 나름 유명한 쿠킹채널로 알려졌을 때, 당시 저는 경제적으로 매우 힘들었답니다. 레시피만 보고 나가는 시청자가 많은 것도 있었지만, 저보다 구독자 수가 적은 채널도 받는 '협찬'을 저는 2년 넘게 받지 못했거든요. 요리법이 많이 있으면 그만큼 식재료며, 도구며, 소비가 늘어갈 것이고, 자연스럽게 협찬이나 광고가 들어올 것이라 생각했어요.

재미있게도 '비 요리' 유튜버분들은 지금도 이렇게 말씀을 하시더라고요. 음식은 어디에서나 붙을 수 있으니, 광고며 협찬이며 많이 들어오지 않겠느냐고, '자취컨셉'으로 층만 늘리면 해결되지 않겠느냐고.

그렇지만 현실은 잔인합니다. 조금 극단적으로 표현하자면, '카메라 켜 놓고 요리하는 것만 보여주는 것은 소꿉장난에 불과하며, 그 어떤 광고주도 소꿉장난 채널에 물건이나 돈을 주지 않습니다.'

유튜버 생활 3년 차일 때 운 좋게 한 온라인 식재료 업체와 1년 계약을 맺고 레시피 콘텐츠를 발행하게 되었답니다.

(정확히는 원데이 클래스 섭외가 들어왔었는데, 혹시나 해서 딜을 넣어봤고 그게 통과되어서 계약진행을 하게 되었어요.)

첫 기업과의 계약에 들떠 열심히 레시피 콘텐츠를 제작했었답니다. 그러나 제작을 마친 후 컨펌 단계에서 한창 들뜬 그 마음은 와장창 무너져 내렸죠.

"이 영상은 퀄리티가 너무 낮아서 쓸 수 없습니다. 영상에서는 우리 회사 해산물이 얼마나 신선한지 잘 보이지 않으며, 제공해 드린 간장의 장점이 비주얼로 보이지 않습니다."

너무 속상하고 화가 났습니다. 왜냐하면 제가 가진 장비로는 그 정도 퀄리티가 한계인데…. 편당 단가는 30만 원으로 매우 낮은 편이었거든요.

'아니, 내 레시피 좋은데 왜? 요리사 시절 많은 손님께서 만족하신 메뉴인데 왜? 아니, 무엇보다도 그 단가에 퀄리티까지 맞춰 달라는 건 너무한 거 아냐?'

좋은 요리법이 많으면 소비로 이어지고~는 그냥 제 착각이었던 거예요. 식재료 판매하는 업체에서는 좋은 요리법이 딱히 큰 의미가 없거든요. 예를 들어 고등어를 판매하는 수산 숍이 있다고 해 볼게요. 숍 측에서는 자신의 상품이 정말 자신 있고 그것을 어필하고 싶었을 거예요. 은빛으로 빛나는 고등어의 배, 등의 선명한 푸른 문양, 비늘이 벗겨지지 않은 표면이라든지 맑은 눈 등등….

광고주가 가장 좋아하는 이상적인 콘텐츠는 그대로~ '굽는' 내용이에요. 지글지글하면서 고등어의 기름기가 끓는 게 보이고, 나무젓가락으로 부드럽고 촉촉한 살점을 집어 한입 털어 넣는 겁니다. 그러나 토막 쳐 간장에 조리면 외형에 손상이 가게 됩니다. 간장색에 물든 고등어는 이쁘지 않잖아요? 또 '비린내 잡는 법' 알려줬다가는 오해받을 수도 있습니다. 오히려 '이 제품은 비린내가 나지 않아요.'라는 것을 어필해야하죠.

또한 조리법이 위주가 되어 이런저런 과정이 들어가게 되면 굳이 그 숍에서 고등어를 구입할 필요가 없어지게 되어버려요. 즉, '주객전도'가 되어버리는 거죠.(쇼핑몰 하시는 MD에게 직접 들은 이야기) 저는 광고주의 끔찍한 피드백 메일을 받고 홧김에 4K가 지원되는 카메라 두 대와 F1.4 25mm, 50mm 렌즈를 구입했어요.

왜냐하면 메일 저~ 아래쪽에 "다음 달 영상도 이러면 곤란합니다."라는 글이 쓰여있었거든요.

'내 영상 퀄리티가 낮아? 내 음식이 그래 보여? 두고 봐!'라고 하면서 없는 살림에 카메라 두 대를 결제했어요. 그리고 연습 삼아 영상 두 편 정도를 촬영했었답니다. 단 아래와 같은 세팅으로 말이죠.

1) 촬영은 무조건 4K 화질로 한다.
2) 가급적이면 단렌즈를 사용한다.

3) 4K 화질에서 FHD 사이즈로 압축한 후 편집한다.

4K 화질에서 FHD 사이즈로 리사이징하면 200%로 늘려도 화질 저하가 없거든요. 게다가 이렇게 하면 보다 폭넓은 편집이 가능해요. 또한 유튜브를 시작하고 늘 같은 포맷만 썼기에 바꿀 필요도 있었고, 고화질의 영상이 있어야 다른 유튜버들이 우습게 안보겠다~라는 생각도 있었어요. 물론 "화니님, 영상 이거 뭐예요? 예전 것이 나은데 왜?"

시청자들의 불만이 쏟아졌죠. '조악한 화질이 매력이었는데.' 라던지, '요리사가 왜 영상미에 신경을 쓰느냐.' 등등. 그런데 참 아이러니하게도 이후부터 광고며 협찬이 들어오기 시작하더랍니다.

특히 "영상 퀄리티가 낮아서 못 쓰겠다."라고 한 업체가 이전과는 다른 자세로 저를 대했답니다. 혼자서 소화하기 힘들 정도로 광고문의가 들어와서 '비싸면 말고~'라는 식으로 단가를 올려서 답장을 보냈는데,

광고주 측에서 'OK!' 하며 제작 스케줄이 잡혀버린 웃지 못할 일도 있었어요.

협찬이며 광고며 단 한 건도 없었던 이유를 알게 되었답니다. 기업과 일이 진행되려면 '제품'이 확실하게 보여야 하거든요.

예를 들어 영상 내내 제품에 대해 분석하고 설명하는 콘텐츠(리뷰), 군

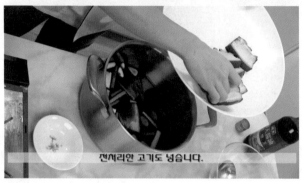

전처리한 고기도 넣습니다.

냄비가 어디 브랜드인지 보이시나요?

이 요리해야 한다면 해당 장비가 메인이 되는 콘텐츠(기획 PPL), 둘 중 하나를 선택해야 해요.

일반적인 레시피 방송은 브랜드 노출이 매우 어렵고, 설령 한다고 하더라도 그 시간이 짧다는 사실을 명심해야 해요.

즉, 기존 방송은 요리하는 이들이 좋아하는 포맷이지만, 브랜드 노출에는 최악이었던 거예요.

물론 기존 시청자층은 바뀐 쿡방 포맷에 당황하기도, 실망하기도 했어요. ASMR이 병행된 쿡방 채널과 크게 다를 게 없는 모습이 되었거든요.(예: 꿀키, 초의 데일리쿡 등등)

게다가 주 2회 레시피 영상에서 한 편은 레시피, 다른 한 편은 기성품이나 소스 리뷰 등등을 진행하게 되면서 기존 구독자들이 많이 빠져나갔어요. 이 부분에 대해서는 안타깝게 생각합니다. 기존 방식이 요리하는 이들에게 가장 가독성이 높다는 것은 저도 알고 있거든요.

유튜브 시작하기 전, 여러 채널 벤치마킹할 때도 그러한 부분에 초점을 두었고요.

그렇지만 "버스킹 공연으로 월 400~500달러 벌며 채널을 운영할 수 있느냐?"라고 묻는다면 다른 유튜버도 비슷한 결정을 내리지 않았을까요? 아니, 이 책을 읽고 계신 독자 여러분께 여쭤볼게요. 비용을 지불하는 게 순전히 손님 마음에 달렸다면 여러분께서는 그 사업을 계속하실 수 있으신가요?

물론 당시 〈화니의 주방〉 채널이 '국내 유일의 중식채널'로 유명하긴 했어요. 그러나 그러한 희극의 막 뒤에 월 400달러라는 잔혹 동화가 있

다면, 더는 희극일 수 없지 않을까요?

　반면 브랜디드 콘텐츠의 경우, 서로가 원하는 것이 명확하기에 사전에 합의된 것만 해주면 해결돼요. 간혹 광고주가 제 콘텐츠에 관여하게 되므로 '진정성' 문제가 생긴다고 하는데, 제 경험상 '브랜드 노출'만 확실하면 광고주 측에서 선을 넘지 않았어요.

　예를 들어….

　'로컬라이징한 레시피 말고 정통 오리지널 재현하라.'

　'업소용 레시피를 보여달라.'

　'여자가 출연해야 내용이 화기애애하고 좋다.'

　'유튜브계의 이O복이라고 하시라. 어그로가 필요하다.'같은?

　오히려 '진정성'에 문제가 되는 행동은 일부 시청자나 같은 유튜버가 더 많이 해요. 브랜드 노출이나 포커싱으로 연출하는 것은 '광고'를 위해 하는 행동이지만, 요리덕질을 위한다면 그 정도는 '사소한' 일이에요.

물론 '초심'을 잃었다는 이야기를 많이 듣곤 합니다.

그렇지만 저는 '진정한 요리사'라던가, '남들에게 요리로 평가를 받고 싶다.'라는 말을 한 적이 없습니다. 솔직히 그런 명예나 명성은 아무 의미가 없다고 생각합니다.

"요리로 유명해지면 좋지 않냐?"라고 묻는다면 "배고픈 만인의 연인은 의미 없습니다."라고 답하겠습니다.

저의 초심은 처음부터 지금까지 늘 변함없습니다.

바로 '덕업일치'입니다.

레시피 방송만으로는 '덕질'을 위한 '총알(수익)'이 채워지지 않는 것이니 광고를 하는 것이지요. 그리고 저는 그 수익을 '요리'하는 데 쓰고 있고요. 그렇다면 요즘 레시피 방송을 잘 안 하는 이유는?

레시피 콘텐츠가 늘어나게 되면서 정통/오리지널 스타일 재현, 특정 식당 음식 재현, 자취인에게 맞추어서 쿡방 등등···. 덕질에 간섭을 받게 되었으니까요. 덕질에 도움이 된다면 당연히 공을 들여 레시피 영상을 만들었겠죠. 요리사가 요리에 정진 안 하고 돈벌이를 한다고요?

유명 셰프님이 운영하시는 레스토랑도 '음식값'을 받으며 영리활동을 합니다.(요리사에게 성자의 삶을 강요하는 건 좀···.)

무엇보다도 저는 말이죠. (이제) 요리사가 아닙니다.

④

나는 요리사가
아닙니다

"화니님은 이상해요. 요리사이면서 왜 요리사가 아니라고 하는 거죠? 이상해요."

저는 저 스스로 요리사가 아니라고 말하곤 합니다. 이유인즉,

현재는 요리사가 아니며 (군인으로 치면 제대한 부사관 or 장교) '요리사'라는 캐릭터는 창작에 제약을 주기 때문.

조금 극단적으로 표현하자면 같은 유튜버에게 '요리사'나 '셰프'라고 불리는 것을 매우 싫어합니다. 그냥 싫어하는 수준이 아니라 '모욕' 수준으로 싫어하죠. 아, 물론 상대가 구독자라면 '존칭'으로 받아들입니다.

'요리사'라는 단어에 민감한 이유는 유튜버 생활을 하면서 '요리사 프레임' 때문에 불합리/불공정한 일을 무척이나 많이 겪었기 때문이에요.

'스타 셰프처럼 방송을 타고 싶어서 유튜브 한다.'라는 시선도 있었지만, 저 요리사 이미지 때문에 크루든, 합방이든 포지션이 한정되더군요. 제 경우 섭외나 합방, 크루 섭외와 관련되면 여기서 크게 벗어나지 않더라고요.

1) 화니님이 게스트를 초대해 요리해 주는 내용
2) 화니님이 게스트로 불러 요리 가르쳐주는 내용
3) 여성 인플루언서(유튜버 포함) 요섹남 어필
4) (크루 내에서) 메인 셰프로 냉부 스타일 콘텐츠
5) 낚시나 캠핑 유튜버랑 방송 나와 요리하기
6) 유학생에게 해당 국가 음식 해주고 평가받기
7) 식당 주방 들어가서 막내 생활하기 등등

한 줄로 요약할게요.

'기승 전 요리'

게임 유튜버도 합방 가면 맛집 영상 나오고, 뷰티 유튜버도 합방 가면 여행 영상 나오는데, 저는 무조건 요리입니다. 일단 요리라는 콘텐츠 테마는 공간, 시간, 비용 제약이 많은 장르예요. 예를 들어 공원에서 요리하면 취사 금지에 걸려서 함부로 할 수 없어요. 또 도구류는 한둘씩 챙기면 어마어마하게 무거워지게 됩니다. 맛집/여행과는 다르죠. 문제는 이를 제안하는 이들은 제가 요리사 출신이기에 '그런 상황에서 그러한 것

을 극복하는' 컨셉으로 기획을 강요한다는 거예요.

즉, '열악한 환경에서 가능하게 하는 레시피'를 보여주거나, '요리사로서 성장하는' 그림으로 기획을 짠다는 것이죠. 이 사람 음식이 어떤지 평가하고, 잘 해내나 못하나 그런 거 시험받는 것을 영상으로 보여준다거나, 이런 시도를 하려 하더군요. 이런 영상에서 나와서 잘 해냈다고 쳐요. 그게 저에게 무슨 의미가 있을까요?

무엇보다도 '이미 주방장까지 했었고, 오너 셰프도 했었음.'

– 즉, 셰프라는 직책이나 호칭에 별 감흥 없습니다.

'전국대회에서 연습도 안 하고 입상함.'

– 2주 연습했다는 다른 입상자 인터뷰 듣고 찔렸습니다.

대충 이러한데 유튜버끼리 영상 만드는 영역에서 요리로 품평하겠다고 하면 기분 나쁜 거 당연하겠죠?(오만한 거 아니냐는 이야기도 들었었는데, 전 오만해도 됩니다. 이젠 요리사가 아니니까요.)

　일단 '요리 잘하는 사람'이 콘텐츠 제작에서 서 있을 수 있는 포지션은 매우 제한적입니다. 콘텐츠 제작에서 가장 먼저 하는 작업이 '기획'이잖아요? 스토리를 써 나가고 어디서 어떤 연출을 할지, 어떤 대사를 할지 정하죠. 그다음에는 촬영이에요. 텍스트나 단편적인 사진으로 이루어진 콘티를 실체화시키고 이것을 입체감 있게 만들기 위해 구도며, 화각이며, 조명이며 신경을 써야 하죠.

　여기서 '요리 잘하는 사람'이 있다면 어떤 작업에 투입될까요? 철저하게 감독의 지시하에 요리하는 '액션'을 해야 해요. 즉, 누군가가 짜 놓은 틀 안에서 움직여야 한다는 것이죠. 요리로 표현하면 다음과 같습니다.

　'남이 만든 레시피로 하루 종일 요리하는 것!'

　- 맙소사, 차라리 날 죽여!

　잘 해봐야 제한된 비용으로 음식 내오는 것 정도? 글쎄요. 굳이 그럴 필요도 없고, 그래야 한다면 너무 억울한걸요? 콘텐츠에 드는 비용 충당

은 기획자나 감독 선에서 해결해야 할 문제인데, 그걸 요리하는 이에게 떠넘기는 거잖아요? 즉, 그것을 잘한다고 해서 제작자로 인정받는 것도 아니며, 애초부터 제작진으로 인정해 주지 않아요. 오히려 뭔가 잘못된다면 독박을 쓰기 딱 좋죠.(예: 폭염에 식재료로 쓸 채소가 녹았다거나.)

그뿐인가요? '수익'을 낼 수 있는 일거리도 별로 없어요. 예를 들어 유튜버 중 일부는 촬영이나 편집 등의 강의를 받기도 해요. 그러나 저는 이 자리를 얻기 어려워요. 요리사에게 촬영 강의를 맡기진 않잖아요? 즉, 저에게 '요리사'라는 캐릭터는 콘텐츠 제작자로서 걸림돌이 되는 요소였던 거죠.

남들은 손수 콘텐츠를 제작하며 채널을 운영해도 들어오는 강사 자리인데, 저는 이런저런 기획물을 제작하고 광고를 제작해야 자리 몇 개 들어올 뿐이에요. 저는 불도장, 베이징덕으로 기획자와 감독 포지션에서

작업을 했고, 이후 여러 광고영상을 제작했어요. 예를 들어 웨버 그릴 이라던가, LG 인덕션, 한우협회 등등….

단기적인 콘텐츠 외에 장기간에 걸친 오리지널 연재물도 제작했었는데, '술 이야기'와 '늑대식당'이 그 예였죠. 오리지널 연재물의 경우 한 땀 한 땀 노가다의 산물이에요. 즉, 콘텐츠의 주 테마가 '요리'이긴 하나, 사실 저 영상 속의 저는 '요리'를 하고 있지 않아요.

컷 하나하나 떠올리며 콘티를 짜고, 한 장면 한 장면 카메라에 옮겨가며 담아낸 것이죠. 눈으로 식재료를 직접 보고 손질하는 것이 아닌, 카메라 LCD나 프리뷰 모니터를 보며 음식을 만들어요. 사람들이 말하는 '요리사'는 저렇게 요리를 하지 않아요.

요리사는 내 귀에 소음에 들려도 신경 안 쓰거든요. 그렇지만 저는 주변의 잡음에 신경을 써야 하고, 사소한 노이즈를 잡아내기 위해 몇 번이고 같은 작업을 반복해 가며 녹음해야 해요. 즉, 요리 콘텐츠를 위주로

제작하는 것은 사실이긴 하나, 요리를 보는 관점 자체가 완전히 달라요. 결과물과 그것을 만들어내는 과정도 다르고요.

요리사는 칼끝으로, 팬 놀림으로 맛과 향, 그리고 감동을 낼 수 있는 '요리'를 내놓지만, 저는 '요리'를 역순으로 돌려 칼끝과 팬 놀림을 카메라에 담는 데 온 힘을 쏟아요. 그래서 저에게는 '요리사'나 '셰프'라는 말이 칭찬일 수가 없는 거예요.

예를 들어 제대한 예비역에게 "넌 진정한 군인이야."라고 한다면 별 감흥이 없겠죠? 인생을 살면서 본받고 싶은 롤모델이 한둘은 있기 마련인데, 제 롤모델 중에 '요리사'는 없어요. 즉, 가치관이며 기본적인 마인드 자체가 요리사와는 거리가 멀다는 것이죠.

그래도 "요리사가 아닌 무엇이 되고 싶은 거냐?"라고 누군가가 물어본다면⋯. 굳이 답을 해야 한다면 이렇게 대답할 거예요.

"유튜버를 위한 유튜브판 브리야 샤바랭!"

⑤

유튜버를 위한
유튜버가 되기 위해

▶

올해로 유튜브 생활 9년 차입니다. 그간 많은 일이 있었죠. 예를 들어 절대~ 없으리라 생각했던 '중년 뱃살'이 보인다거나 하는 것이죠. (또 청년에서 노총각으로 레벨업!)

그리고 예전에는 몰랐던…. 한 가지를 깨달았습니다.

'유튜버가 살아남는 방법은 반만 유튜브 세계에 속하는 것이다.'

10대 학생들 직업순위 1위. 직장인들도 '나도 유튜버나 할까?' 하며 사표 쓸 생각을 한다지만 사실 이 세계는 그렇게 만만하지 않아요. 특히 제 경우, 유튜버 생활을 하면서 전문분야에 대해 제값을 받아본 적이 거의 없었어요.

마땅히 지급해야 할 보수를 '채널 홍보'로 퉁 치는 그런 일 말이죠. 노동력뿐만 아니라 도구도 가져오라던가, 심지어는 제 작업공간까지 달라는 일도 심심치 않게 있었어요.

사실 그도 그런 것이….

'(전업) 유튜버는 인기가 있어야 먹고 살 수 있다는 인식'이 있어서가 아닐까 싶어요. 제값 안쳐줘도 어느 정도는 노출되어야 강의든, 광고든 성사될 가능성이 있으니 할 수밖에 없는 거죠.

가끔 직접 '유튜브'를 하지 않으면서 수익을 내는 분들을 접하곤 합니다. 처음에는 유튜브 활동을 열심히 하다가 언제부턴가 잘 안 나오고, 대신 콘텐츠나 커머스 등의 사업을 하게 되었는데, 묘하게 이쪽이 잘 맞는 그런 예더라고요.

운동으로 치면 선수로서는 빛을 못 봤는데 코치로서 기량을 발휘하는 그런 예라 할 수 있죠. 전 일찌감치 그런 쪽으로 간 분들이 부럽더라고요.

왜냐하면 유튜브에서 살아남으려면 명확한 캐릭터가 있어야 하는데, 문제는 이 캐릭터가 '소모성'이라는 것이거든요.

예를 들어 제가 중식 방송을 해도 요즘 사람들은 잘 안 봅니다. 대신 이O복 셰프님이나, 여O래 셰프님 채널을 찾죠. 이 두 셰프님께서는 저보다 경력이 훨씬 많지만, 유튜브 세계에서는 제가 한참 선배입니다. 즉, '올드페이스'인 거죠.

　요즘 말로 '고인물'이라는 것이고, 어지간한 액션을 보여도 그리 끌리지 않을 거예요. 식상하달까요? 그래서 최근 '유튜버' 포지션에서 어느 정도 벗어나기 위해 큼지막한 프로젝트를 했답니다.

　바로 '개인공방 겸 랜탈스튜디오 오픈'입니다.

　광고나 강의건 때문에 외부 스튜디오를 이용한 적이 몇 번 있었답니다. 이런 쪽 작업은 저에게 굉장히 매력적인데요.

> 1) 속편 혹은 후속 계약이 들어올 가능성이 높다.
> – 예로 '한우요리'를 한다면 여러 편으로 가게 됩니다.
> 2) (경우에 따라) 편집의 부담이 없다.
> – 프로덕션이 끼어 있다면, 프로덕션이 직접 작업합니다.
> 3) 광고 콘텐츠로 인한 채널 (캐릭터) 소모가 적다.
> – 제 채널보다는 외부 납품용인 경우가 많습니다.

게다가 이런 건의 경우 함께 작업하는 프로덕션 측에서도 마음 편히 촬영하는데요. 이유인즉, '영상 제작 경험이 있는 사람이 요리하기 때문'입니다. 동선이며, 포커스며, 화각이며 제가 어느 정도 파악하고 움직인다는 거죠. 일반 요리사를 섭외하면 이 부분에서 애를 먹고 시간이 오래 걸리게 되거든요.

 -8시간 동안 요리 10편을 촬영한 적도 있었어요.

다만 이러한 작업의 경우 '장비 운반' 때문에 애를 많이 먹었습니다. 상업용 쿠킹스튜디오의 경우, 이름이 무색하게 도구류가 변변치 않거든요. 그럼, 제 쪽에서 가져가야 하는데, 요리하기 좋고 멋진 도구류는 무거워요. 그때마다 이런 생각이 들더군요.

'아… 내 공간이 있었다면 참 좋을 텐데.'

장비 운반 때문에 고생하지 않아도 되고, 분명 작업이 더 들어올 수 있었을 거예요. 무엇보다도….

'유튜버와 업장을 운영하는 사업자와는 차이가 매우 크다는 것.'

유튜버는 사업자를 내도 유튜버입니다. 상품을 돈 받고 판매하는 '사업자'라기보다는 조회수를 얻고 인기를 얻어 먹고사는 이미지가 더 강하다는 것이지요. 인기로 먹고사는 직업이 늘 그렇듯, 상품을 판매하는 '장사'를 하게 되면 팬 상대로 장사질한다고 욕을 먹습니다.

그렇지만 인기는 영원할 수 없죠. 과거에 잘 나가던 연예인 중에 요즘 나오지 않는 사람 많잖아요? 오랜만에 저와 나이가 비슷한 아역배우가 무엇을 하는지 알게 되었는데, 식품회사를 운영하더라고요. 그도 그런 것이 배우만으로는 힘들거든요.

인지도 있는 배우도 그러한데 유튜버는 어떻겠어요?

그뿐만 아니라 단순히 유튜버로 활동하는 것을 넘어서 '유튜버를 위한' 혹은 '유튜버에게 영향력이 있는' 단계로 넘어가고 싶더라고요.

그렇게 2023년 12월에 시작한 스튜디오 공사는 2023년 5월 끝을 맺고 6월 가오픈 기간을 지나 7월 정식 오픈을 하게 되었답니다. 여기서 중요한 점은 '직접' 했다는 것이지요. 목공공사부터 소품까지 전부 다요. 왜 직접 했냐면 첫째는 예산문제... 둘째는 공사먹튀(?) 피해사례를 자주 들어봤기 때문이죠.

큰돈 들여서 맡겼는데 엉망이거나 업자가 도망가면 억울하잖아요?
(셀프 인테리어를 하다 보니 목수 일에도 소질이 있다는 것을 뒤늦게 알게 되었습니다.)

아무튼 이렇게 오픈한 스튜디오의 용도 및 수익모델은 다음과 같습니다.

1) 개인 공방 겸 사무실

- 음식이나 주방용품 촬영 등 제 개인적인 작업을 촬영하는 데 사용됩니다.

2) 랜탈 스튜디오 혹은 세미나룸, 즉 공간대여

- 촬영 및 모임(독서, 주식 등 소모임이 요 몇 년 사이에 많아졌죠?)

3) 클래스룸

- 출신답게 요리 클래스도 진행할 수 있답니다. 물론 클래스룸 대관도 가능해요.

4) 라이브 커머스 송출

- 홈 스튜디오에 있던 잉여장비들은 모두 여기에 갖다 놓았어요!

스튜디오를 오픈했는데 의뢰가 안 들어오면 어떡하나 걱정했지만, 가오픈 기간에 들어온 의뢰건만 몇 건이 됩니다. 역시 돈이 돈을 부른다는 말이 사실인 듯해요.

물론 갈 길이 멀어요. 어디 가서 스튜디오 오픈했다고 하면 '팝업 레스토랑을 해 보라.' '파티 안 하냐?' 하거든요. 안타깝게도 외식업은 콘텐츠 제작에 별 도움이 안 되기에... 계획에 없어요. 요리만 잘하는 사람은 기획이나 촬영감독을 시켜주지 않으니까요.

솔직히 "유튜브 해보라~~!"는 이야기는 못 하겠어요. 재능기부에 버스킹 공연 또 하라면 못할 것 같거든요. 그렇지만 버라이어티한 삶을 살아보고 싶다면 유튜버에 도전하는 것도 괜찮은 것 같아요.

왜냐하면 이 바닥은 이것저것 '멀티'가 되어야 살 수 있거든요. 그냥 제 생각인데, 유튜브하면서 멀티 라이프를 살아본 사람들은 어디 가서도 살아남을 것 같아요.

혼자서 콘티 짜고, 카메라 들고 편집을 하는 등 작가, PD, 감독 일을 해야 하며, 기업과 일을 하려면 세일즈도 해야 하거든요. 여기에 자체 브랜드나 숍을 런칭하게 된다면 조그마한 경영인이 되어야 하고요.

앞으로 또 무슨 일을 하게 될까요? 저도 잘 모르겠습니다.

다만 이건 분명해요. 유튜브의 세계는 망망대해를 항해하는 것과 같다는 사실! 그 대양에서 신대륙을 발견하거나 보물을 얻게 된다면 어떨까요?

    설령 별다른 성과를 얻지 못한다고 하더라도 이 세상에 '나'라는 이야기꾼이 있었다는 '흔적' 하나는 분명하게 남기지 않을까요?

    이상 한 유튜버의 생존수기였습니다.

유튜버 피키피디의 이야기

①

어쩌다
유튜버가 되었나?

▶

미국 뉴욕 대기업 총괄 디자이너가 유튜버가 된 이유

하이 가이스! 피키피디, 피키마마, 피키트래블러, 이렇게 3개의 멀티 유튜브 채널을 운영하고 있는 피키피디라고 합니다.

미국 관공서 미디어팀에서 일하다가 좋은 기회가 생겨 면접을 본 후 미국 뉴욕에 있는 대기업 Cablevision에서 10년, 프리랜서로 2년, 거의 12년 동안 디자이너부터 총괄 디자이너까지 오랜 기간 생활했습니다. 엠파이어 스테이트 빌딩의 조명을 보면서 잠들었던 그 행복한 기억이 지금은 아련한 추억으로 느껴지기도 합니다.

시간이 흘러 결혼하게 되었고, 아이를 가지고 싶다는 생각이 들었습니다. 그런데 생각보다 아이를 가지는 것이 쉽지 않았습니다. 일 년 반 이상 미국에서 진행한 시험관 아기 시술은 결국 실패했습니다. "한국에 오면 부모님도 계시니 마음이 편해서 시험관 아이 시술도 잘될 거야."라는 말을 듣고, 한국행을 결심했습니다. 꿈은 역시 이루어진다고 했나요? 절실했던 마음을 알아주기라도 한 것처럼, 한국에서 노력한 지 일 년 반 만에 임신이 되었고 사랑스런 딸, 서아가 태어났습니다. 하루 전까지 일하고, 힘들게 출산을 했기에 육아를 위해 회사에 퇴사 통보를 했습니다. 그렇게 원했던 출산이었지만, 아이를 키우는 게 이렇게 힘든 일인지 몰랐습니다. 아이를 키우면서 너무 행복했지만, 한편으로는 항상 반복되는 생활 루틴과 피곤함이 같이 누적되면서 힘들었습니다. 하지만 사랑하는 딸이 있어 행복했기에 매 순간 최선을 다했습니다.

그러던 어느 날 급성으로 찾아온 자가면역질환. 참 많이 울었습니다. 아이와 함께하고 싶은 일들이 너무 많은데 왜 나에게 이런 일들이 생긴 것일까? 아이만 보면 눈물이 나왔습니다. 치료를 받으면서 어느 순간 이런 생각을 했습니다. '딸을 위해서 슬픈 표정 짓지 말자. 아이를 위해서, 내 가정을 위해서 다시 건강해질 수 있도록 즐거움을 찾자.'고 말입니다.

그때 '유튜브'가 떠 올랐습니다. 카메라를 가지고 촬영할 자신은 없었기에 핸드폰을 켜고 첫 이야기를 더듬더듬 녹음했습니다. 첫 영상을 업로드하기까지 참 많은 시간이 걸렸던 것으로 기억합니다. 채널 주제를 선정하기 어려운 나는 내가 최근에 가장 많은 정보를 수집했던 내용이면서, 쉽게 경험하기 어려운 미국과 한국에서 경험했던 나의 시험관 아기 시술에 관련한 이야기를 해보면 어떨까? '난임을 겪고 있는 부부들에게는 큰 도움이 될 수 있겠다.'라는 생각을 하게 되었습니다. '시험관 아기 시술을 한 나에게도 이런 조언을 해 준 사람들이 있었다면 나도 돈을 많이 아낄 수 있었을 텐데.' 하는 부분들을 정리해 갔습니다. 나처럼 아이를 절실히 원했지만, 실패하는 사람들에게 도움이 될 수 있도록 정보 중심인 질문과 답변으로 스크립트를 준비했습니다.

시험관 아기 시술을 진행해 보지 않은 사람들은 그들의 마음에 공감할 수 없습니다. 그만큼 어려운 시간이었습니다. 누구도 경험하기 어려운 미국과 한국에서의 시험관 아기 시술. 경험이 바탕이 된 정보를 전달하니 많은 분이 반응하기 시작했습니다. 얼마 후 유튜브의 조회수가 상승 곡선을 타기 시작했습니다.

말을 잘하는 것도 아니고, 시험관 아기 시술에 대한 내 생각을 정리해 조언한 것뿐인데, 사람들이 나에게 축하한다고 말하며 "자신도 아기가 생기지 않아서 고민인데."라는 등 자신의 이야기를 남겨 주면서 나에게 조언을 구하는 사람들이 생겨나기 시작했습니다. 누군가는 돕는다는 생각에 답변하는 동안 즐거웠습니다. 나 역시 그들로 인해 힐링이 되었습니다. 나는 상대방을 공감해 주는 사람이 되고 싶었습니다. 그때 유튜버가 되기로 마음먹었습니다. "선한 영향력을 키우자", 생각했습니다.

이렇게 난 운 좋게 유튜브를 시작할 수 있게 되었습니다.

②

작은 채널도
수익화가 가능할까?

▶

처음부터 기획된 인플루언서만이 살아남을 수밖에 없는 이유

계획과 기획

　피키마마 PickyMama/7,030명, 피키피디 PickyPD/6,070명, 피키트래블러 PickyTraveler/1,100명, 이렇게 3개의 유튜브 채널을 운영하고 있다고 하면, 사람들은 "이렇게 적은 구독자를 가지고 있으면서 왜 3개의 채널을 만들어서 고생이야?"라고 질문했습니다.

　3개의 유튜브 채널을 관리하고 운영하려면 시간상으로 매우 부족합니다. 너무 당연한 이야기입니다. 처음 유튜브를 시작하시는 분들에게 다채널은 욕심일 뿐입니다. 유튜브를 시작하고 싶다면 욕심을 버리고, 한 개의 유튜브 채널을 브랜드 계정으로 개설해서 선택과 집중하기를 추천해 드립니다.

유튜브 채널과 계정의 관계에 대해 모르는 것뿐만 아니라 개인계정과 브랜드 계정의 차이를 몰라 개인계정으로 시작해서 후회하는 사례를 많이 봤습니다.

유튜브 채널이 브랜드 계정에 연결을 추천하는 이유는 추후 유튜브 채널이 성장했을 때, Google 계정으로 채널 소유자와 관리자 변경이 쉽기 때문입니다. 내 Google 계정 비밀번호를 전달하지 않아도 유튜브 채널 관리가 가능하고, 개인적인 정보가 노출되지 않기 때문에 처음 시작하는 분들은 브랜드 계정으로 시작하는 것이 좋습니다. 채널이 브랜드 계정으로 연결되면 여러 사용자가 자신의 Google 계정으로 채널을 관리할 수 있습니다.

개인계정으로 유튜브 채널을 개설했다고 해서 브랜드 계정으로 변경이 안 되는 것은 아닙니다. 하지만 초기에 유튜브 채널을 개인계정으로 개설했다가 중간에 브랜드 계정으로 변경하는 사람들이 있지만, 가끔 변경하는 과정에서 뜻하지 않게 "채널이 사라졌다.", "동영상에 달렸던 댓글이 다 안 보인다.", "기존 조회 수가 날아갔다."라고 말하는 유튜버들이 있습니다. 추후 복구되는 경우가 많았지만, 변경하는 과정에서 가끔 에러가 발생되었기에 초기부터 유튜브 채널을 브랜드 계정으로 세팅하면 좋습니다.

유튜브 브랜드 계정으로 변경해야 하는 이유는 채널이 성장하면 신사**이 20억 원에 유튜브 채널을 판매함으로써 수익 창출도 가능하고 채널 관리가 편리하기 때문입니다.

유튜브는 영상을 제작할 때 긴형식(롱폼) 영상과 짧은 형식(숏폼) 영상을 제작해서 업데이트합니다. 롱폼 영상은 몇만 조회 수를 만드는 것이 생각보다 어렵지만, 충성 구독자를 만드는 데 도움이 됩니다. 숏폼 영상은 조회 수가 롱폼 영상보다 대체로 잘 나오는 편이며, 새로운 구독자들에게 많이 홍보되는 편으로 최대한 활용하는 것을 추천해 드립니다.

2023년 2월부터 숏폼 영상의 조회수에 따라 수익 창출이 가능해졌습니다. 2022년 전부터 숏폼 영상을 제작해서 영상을 업데이트했던 유튜버들은 갑자기 상승한 조회수로 인해서 많은 수익을 창출했습니다. 하지만 2023년 2월 이후 유튜버들이 숏폼 영상을 많이 올리다 보니 전반적인 조회수가 낮아져서 수익 창출이 쉽지 않은 것이 사실입니다. 그럼에도 불구하고 신규 구독자들에게 내 채널을 홍보하기 위해서는 최대한 숏폼을 활용하는 것이 좋습니다.

원/싱글 소스 멀티 유즈(One/Single Source&Multi-Use)

최근에 수익화를 위해서 원/싱글 소스 멀티 유즈가 필수입니다. 원/싱글 소스 멀티 유즈란, 말 그대로 한 가지 제품이나 개념을 다양한 용도로 사용하는 것을 말합니다. 예를 들어 1차 영상 콘텐츠를 제작해서 유튜브에 업데이트하고, 같은 영상 소스를 틱톡이나 인스타그램 외 다양한 소셜 미디어에 2차, 3차 콘텐츠를 업데이트하면서 기존 소스를 재사용하는 것을 말합니다. 이렇게 원 소스의 부가가치를 높이면서 구독자들을 모아가면 추후 수익 창출이 가능합니다.

유튜브를 운영하고 있다고 해서 유튜브에만 영상을 올리면 안 됩니다.

유튜브 숏폼(숏츠) 영상을 제작하게 되면 유튜브뿐만 아니라 인스타그램 릴스와 틱톡에 올리는것을 추천합니다. 유튜브 커뮤니티에 이미지와 함께 게시글을 올릴 경우, 그 이미지를 사용해서 인스타그램과 유튜브에 게시글을 올리는 방식으로 원/싱글 소스를 활용해서 다양한 플랫폼을 사용하면 많은 시청자들에게 노출되기 때문에 다양한 방법으로 수익 창출이 가능해집니다.

이때 가장 중요한 것은 원/싱글 소스를 활용해서 멀티로 다양한 소셜 미디어에 영상을 업데이트할 때는 원래의 소스를 사용해야 한다는 것입니다. 예를 들어 인스타그램에 영상 소스를 업데이트하면 인스타그램 로고와 음악이 같이 저장된 영상이 내 사진함에 저장됩니다. 사람들은 두 번 작업하기가 귀찮아서 사진함에 저장된 인스타그램 영상을 유튜브에 그대로 업데이트하는 경우가 많습니다.

각각의 플랫폼에서는 이런 영상들의 조회수를 의도적으로 낮추거나, 음악에 저작권 이슈로 딱지를 붙여서 수익화를 할 수 없게 하는 경우가 많습니다. 유튜브 역시 마찬가지입니다. 유튜브 숏폼 영상을 올릴 때는 1분 이하의 원/싱글 소스를 제작〉 숏츠 클릭 후〉 영상 업로드〉 음악 추가를 진행하면 원하는 음악을 저작권 이슈 없이 사용할 수 있습니다. 또한 조회수도 조금 더 높일 수 있습니다. 이렇게 원본 영상을 다양한 플랫폼에 올려서 시간을 절약하고, 다양한 방법으로 수익을 창출해야 합니다.

인스타그램

인플루언서로서 인스타그램 운영은 유튜브와 같이해야 하는 필수 소셜 플랫폼입니다. 저 역시 인스타그램 시작 초기인 2012년에 개설한 것으로 기억합니다. 얼굴 노출이 싫어서 사용하지 않았습니다. 하지만 몇 년 전에 인스타그램으로 나만의 브랜딩을 구축해야 영향력을 키울 수 있다는 사실을 뒤늦게 알게 되었습니다. 인스타그램은 내가 업로드한 이미지가 덩어리감으로 수집되기 때문에 나를 한 번에 누군지를 가장 직관적으로 표현할 수 있는 곳입니다.

인스타그램으로 나만의 브랜딩을 한번에 보여줄 수 있기 때문에 내가 하고 싶어하는 카테고리의 #해시태그(hashtag)를 활용하여 포지션을 정하기 좋습니다. 인스타그램으로 들어오는 광고 단가가 초기에는 저렴한 편이지만, DM으로 광고 의뢰가 많이 들어오므로 쉽게 일을 시작할 수 있습니다. 팔로워가 늘어나고 타겟층이 확실하다면 단가가 올라간다는 장점이 있습니다. 또한 인스타그램, 유튜브, 틱톡으로 라이브 커머스 방송을 진행하면서 월 몇백, 몇천, 몇십억대 수익을 창출하는 분들도 많아졌습니다.

인스타그램으로 가장 수익을 많이 내는 것은 단연 공동구매입니다. 인플루언서들은 대략 3일~7일 공동구매로 판매를 진행하는데, 인스타그램과 유튜브 라이브 방송을 활용합니다. 이때 벌어들이는 수익은 일반인들이 생각하지 못하는 수익입니다. 인플루언서의 수익을 보면 인플루언서들의 영향력이 얼마나 중요한지 다시 한번 느끼게 되었습니다. 수익을 많이 발생시키는 인플루언서들은 같은 공통점이 있다는 것을 알게 되었습니다.

　인스타그램과 유튜브에서 제품 판매를 통해 엄청난 수익을 내는 인플루언서들은 모두 한 가지의 카테고리에서 선택과 집중을 하고 있다는 것입니다. 하나의 카테고리/콘텐츠에 집중하면 조회 수와 구독자 수는 따라서 올라갈 확률이 높습니다. 타깃층이 정해지지 않은 100만 명의 구독자를 보유한 인플루언서보다 타깃층은 명확하지만, 구독자가 적은 인플루언서가 수익을 많이 내는 경우가 있습니다.

　일반적으로 구독자가 많으면 돈을 많이 번다는 기준이 사라졌습니다. 해외 대상의 구독자가 100만 명으로 설정되어 있는 A 유튜브 채널과 국내 타깃 구독자 10만 명을 보유한 B 유튜브 채널의 수익을 비교했을 때, B 유튜브 채널의 수익이 훨씬 많을 수 있습니다. 단순하게 유튜브 광고 수익만을 생각하는 시대는 지났습니다. 또한 퍼스널 블렌딩이 잘 되어 있는 인플루언서들은 시청자 대상 역시 잘 설정되어 있어 브랜디드 광고나 유튜브 채널을 통한 제품 판매로 수익을 쉽게 낼 수 있게 되었습니다.

　5,600명의 구독자를 보유한 A 인플루언서는 월 3,000만 원 정도의 순수익을 꾸준히 창출하고 있습니다.

　미용 카테고리 중 하나의 세부 카테고리를 선택해서 제품을 같이 판매하고 있습니다. 이 인플루언서가 성공한 원인은 유튜브 시작 초기부터 "구독자를 모아서 이 구독자들에게 00 제품을 판매할 거야!"라고 생각하고 기획해서 유튜브 채널을 개설했기 때문입니다.

　그렇게 모은 5,600명의 구독자는 모두 자신의 제품을 구매해 줄 찐 구독자입니다. 이렇게 유튜브 시작 초기부터 "내 유튜브 채널이 성장하면

나는 어떤 제품을 판매할 것인가?"를 기획하는 것이 중요합니다.

이렇게 기획한 후에 콘텐츠에 집중하면 조회수와 구독자 수는 구독자와 시청자가 일치하므로 추후 내가 가지고 있는 콘텐츠 또는 제품을 판매할 때 압도적으로 높은 매출을 일으킬 수 있습니다. 지금은 구독자가 많아야 수익 창출을 낼 수 있다는 생각은 착각입니다. 내 타겟이 명확한가에 따라 수익 창출이 달라질 수 있다는 것을 알아야 합니다.

성공했던 컨설팅: 영어교육 채널

컨설팅했을 때 성공한 유튜브 채널은 '영어교육 채널'입니다. 정체된 구독자 7,800명에서 5개월 만에 6만 명의 구독자, 몇십만 조회수, 27만 원에서 5백 만원으로 유튜브 광고 수익을 낼 수 있게 만들었던 사례가 있습니다. 이 채널은 2024년 현재 구독자는 25만 명 이상이며 지금도 계속 상승 중입니다. 지금은 수익이 대략 1000만원 이상이라 예상됩니다. 계속 빠른 속도로 올라가는 채널입니다. 그리고 앞으로도 50만 명 이상으로 성장할 유튜브 채널입니다. 보통은 컨설팅을 계약하면 3개월은 테스트기간을 가지고 유튜브 채널 운영을 다양한 방법으로 시도해 봅니다. 그리고 4~6개월에 성장할 수 있도록 목표를 잡습니다.

가끔 유튜브 컨설팅을 진행할 때 조건을 1개월 안에 높은 조회수와 수익 창출이 가능할 수 있게 해달라는 요청이 많습니다. 하지만 저는 단호히 거절합니다. 현실적으로 불가능하기 때문입니다. 영상을 제작해 가면서 3개월 동안 기존 구독자들과 시청자들을 대상으로 어떤 영상들에 반

Studio

개요   콘텐츠   시청자층   수익

지금처럼 계속 해 나가세요. 채널의 조회수가 지난 28일간의 평상시 조회수보다 745% 높습니다

응하는지 테스트해 보는 시간이 필요하기 때문입니다. 다양한 아이디어와 방법으로 영상을 촬영하고, 업데이트 후 스튜디오 분석해야 합니다.

이 영어 채널의 고민은 "채널의 시청자층이 50대-60대인데 20대-50대의 젊은 층으로 변경을 하고 싶다." "조회수가 급감하고 있다." "수익화가 잘되지 않는다."였습니다. 이 유튜버는 5개월만에 몇 십만의 조회수, 엄청난 구독자 상승 및 500만원 정도의 유튜브 광고 수익을 창출했습니다.

또한 주제를 설정하는 방법과 내 채널에 맞는 방향성의 콘텐츠를 제작하는 것에 집중했습니다. 시청자들이 보고 싶어하는 부분을 어떻게 선정하여 콘텐츠로 제작할 수 있는지가 관건입니다. 유튜브 채널을 운영할 때 가장 중요한 한가지는 "구독자들과 다양한 소통방법을 어떻게 진행 할 것인가"입니다. 영상 안에서 구독자들과 대화하는 방법, 라이브 스트리밍 방송을 통해 콘텐츠를 진행하는 스타일을 정한 후 시작하는것도 큰 도움이 될 것입니다. 어떤 내용을 영상으로 담아 만들었을때 내 타겟층 시청자들이 좋아할지 공감을 얻어내는 콘텐츠를 제작하세요. 그리고 유튜버의 퍼스널 브랜딩을 세팅하기 위해서 준비해야 할 채널의 칼라 톤과 영상에서 보여지는 나만의 목소리 톤들을 어떻게 설정할지 유튜브를 시작하기 전에 생각해봐야 합니다.

결론은 내가 어떤 유튜버인지 설정하고, 기획한 후 유튜브의 촬영 버튼을 누르는 것이 나에게 큰 도움이 된다는 것입니다.

제가 컨설팅 했던 유튜버에게는 청년층과 노년층의 시청자를 동시에 확보하는 방법과 유튜브 채널을 활용한 수익화를 위해 전반적인 광고를 어디에, 어떻게 설정하는 것이 좋을지 파악하는 등 광고 단가를 올려 수익화를 극대화 하는 방법이 무엇인지 컨설팅 해 드렸습니다. 하지만 이 채널이 성공할 수있는 가장 큰 요소는 "영어"라는 어학쪽 카테고리가 명확하다는 것입니다. 정확한 대상층으로 광고 수익과 조회수를 획기적으로 상승시킬 수 있었습니다.

피키피디: Video Creator Award 아시아 1등 (사진3-3)

유튜브 컨설팅이 필요하신 분들은 pickypd.m@gmail.com로 문의주시면 성심성의껏 돕도록 하겠습니다.

유튜브 채널 분리의 필요성

유튜브 채널을 이미 한 개 운영하고 있지만, 다른 내용의 콘텐츠를 올리고 싶다면 채널을 분리하는 것이 좋습니다. 유튜브 채널의 통일성이 중요하기 때문에 초기 세팅 때부터 각각의 채널을 어떻게 운영하여 수익화를 낼지 생각하고 기획해야 합니다.

피키마마는 시청자와 구독자 타깃이 육아와 생활가전 리뷰였기 때문에 유튜브 채널 성장에 관련된 내용을 업데이트할 수 없었습니다. 피키피디 유튜브 채널을 새로 개설했기에 지금처럼 유튜브 관련 콘텐츠를 다루면서 최적화된 채널로 계속 운영할 수 있었습니다. 이렇게 시청자와 구독자의 타깃이 전혀 다를 때는 채널을 분리해서 새 채널을 개설하는 것을 추천드립니다. 또한 처음부터 '단기적, 장기적으로 어떤 수익을 낼 수 있을까?' 생각하고 유튜브를 시작하는 것이 좋습니다. 단기적으로 수익이 없게 되면 지쳐서 유튜브를 운영할 수 없기 때문입니다. 피키피디의 경우 단기적으로 유튜브에 대한 강의와 컨설팅을 진행하면서 수익을 낼 수 있다고 판단했습니다. 이렇게 처음부터 기획하고 계획하는 것이 추후 다양한 수익 파이프를 설계하는 데 중요한 역할을 합니다.

수익 창출이 가능한 유튜브 채널을 하나 보유하고 있었던 나로서는 새로운 채널을 개설한다는 것이 모험이었습니다. 하지만 피키마마는 시청자와 구독자 타깃이 육아와 생활가전 소개였기 때문에 유튜브 채널 성장에 관련된 내용을 업데이트할 수 없었습니다. 유튜브 채널을 분리해서 피키피디 채널을 개설함으로써 시청자 타겟층을 명확하게 설정했기에 제가 지금의 커리어를 가지고 성장 할 수 있었습니다.

유튜브 피키피디 채널을 통해 지금은 Google 비디오 컨트리뷰터, Google GPE로 활동하게 되었습니다. 유튜브를 사용하다 문제가 생겼기면 Google 커뮤니티에 질문을 하는데 저는 댓글을 달아주면서 도와주는 역할을 하고 있습니다. 유튜브 채널이 해킹 되었다며 연락이 온 싱글벙글(구독자 137만명), 홍고고(30.4만명) 여행유튜버 등 많은 대, 소형 유튜브 채널을 복구할 때도 도움을 드렸습니다. 그러기에 시청자와 구독자의 타깃이 전혀 다를 때는 무조건 채널을 분리해서 새 유튜브 채널을 개설하는 것을 추천해 드립니다.

Google 2023 PES 싱가포르 행사

일 년에 한 번씩 Google에서 구글 제품 전문가들을 초청하는데, 피키피디는 2024년 11월 인도에서 열리는 Google 2024 PES에 초대받아 참석합니다. 2022년에는 싱가포르에 초대받아 대한민국 최초 Video Creator Award 아시아 1등을 했고, 2023년에는 전 세계 구글 전문가들 700명을 런던에 초대되었는데, 피키피디도 그 중 한 명이었습니다.

Google PES 플래티넘 레벨로 우리나라에서 초대받은 유튜브 담당자는 4명입니다. 전 세계 제품 전문가들이 모인 만큼 굉장히 바쁜 4박 5일 Google PES 일정을 참여하고 돌아왔습니다.

그곳에서는 유튜브의 전망과 신기능을 먼저 알 수 있고, 전 세계 구글 전문가들과 함께하면서 다양한 교류를 할 수 있기 때문에 유튜브 컨설팅/교육을 하는 저로서는 흥미로운 일이 아닐 수 없습니다.

Studio

11,027
총 구독자 수

채널 분석

지난 28일

조회수
19.7만 ↑

시청 시간(단위: 시간)
7.1천 ↑

구독자 수
+2.6천

예상 수익
US$223.05

수익 창출을 위한 준비

   유튜브를 시작해서 한동안 수익을 내지 못하더라도 유튜브 광고 수익 조건과 유튜브 커뮤니티 가이드 조건에 만족하면 수익 창출이 가능합니다. 사실 이 조건을 달성하는 기간은 사람마다 천차만별이지만, 보통 이 기간에 유튜브를 포기하는 유튜버들이 가장 많습니다. 광고 수익 조건에 만족하더라도 초기에는 월 10만 원~50만 원 정도의 수익을 내는 일도 어려운 것이 지금의 유튜브의 현실입니다. 시청자 타겟을 어떻게 설정해서 수익화를 계획 했느냐에 따라 수익 창출이 엄청나게 다를 수 있

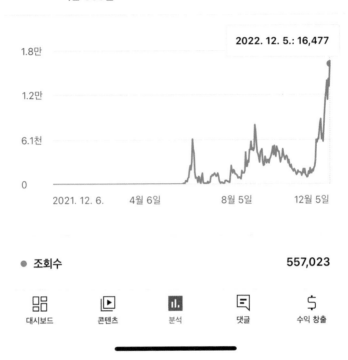

조회수

지난 365일 ▾

2022. 12. 5.: 16,477

● 조회수   557,023

대시보드 | 콘텐츠 | 분석 | 댓글 | 수익 창출

습니다.

  피키피디에게 컨설팅을 시작한 지 2달 만에 정체되어 있는 구독자 7,800명에서 1만 구독자를 조금 넘기고, 27만원 대의 광고 수익에서 300만 원 이상의 수익을 올렸습니다. 또한 5개월 만에 구독자 5만에 대략 500만원의 수익을 발생시킨 사례가 있었습니다.

  11월 1일 컨설팅을 시작했을 때는 조회수와 광고비용의 그래프가 아래로 향하고 있었지만, 한 달 만에 그래프가 확연히 바뀐 것을 확인할 수 있었습니다. 유튜브에서 수익을 많이 낼 수 있는 다양한 수익화 방법이 있습니다.

유튜버가 수익화 구조를 만들기 위해서는 유튜브의 광고 수익뿐만 아니라 멀티 플랫폼 인플루언서가 되어야 살아남을 수 있는 시대에 살고 있습니다. 유튜브 광고 수익은 사람들이 생각하는 것보다 매우 적기 때문입니다. 연예인들과 MCN 등의 대형 전문 업체들이 유튜브로 옮겨 오면서 기존 유튜버들의 수익이 현저하게 줄어들었다는 것을 알 수 있습니다.

처음 유튜브를 시작하려는 사람들이 가장 먼저 생각하는 것은 "내가 어떤 것을 잘하지?", "내가 좋아하는 것이 무엇일까?" 이 두 가지 주제만을 가지고 고민 후 바로 유튜브 촬영을 시작하기 때문에, 다음에도 유튜브로 수익 창출이 어렵습니다.

처음 누군가 유튜브를 시작하려고 한다면 우선 고려해야 할 것은 "내가 어떤 것을 잘하지?" "내가 좋아하는 것이 무엇일까?"란 질문과 동시에 생각해야 하는 것은 추후 이 유튜브 채널을 통해서 어떤 물건을 팔아야 할 것인가입니다. 뜬금없이 "무슨 물건이냐?"라고 말할지 모르지만, 유튜브 채널이 성장했을 때 내 채널에 유튜브 쇼핑을 연결한다고 가정하고 유튜브를 시작해야 비로소 인플루언서의 수익 확장성이 생기게 됩니다.

유튜브 쇼핑뿐만 아니라 추후 인플루언서로서 더 많은 영향력을 키울 수 있습니다. 유튜브를 통해 가전제품 중 냉장고를 판매 하길 원한다면 유튜브 채널에서 가전 리뷰를 하는 것이 좋습니다. 제품 리뷰를 하기로 결정했다면 어떻게 리뷰하면 시청자들의 시선을 잡을 수 있을지 생각해 봐야 합니다. 시청자들에게 도움이 되는 정보를 전달을 위해 나만의 스타일로 기획해서 촬영 하는 것 역시 중요합니다.

예를 들어 2023년과 2024년 LG 냉장고와 삼성 냉장고 모델을 비교했다면 스펙 비교의 정보 전달과 함께 장.단점 등 내 주관적인 의견을 전달해야 합니다. 또한 내가 추천하는 제품은 "삼성 냉장고 ZD00FGE 제품이다." 라는 결론까지 말하고 마무리하는 영상의 조회수가 그렇지 않은 영상보다 조회수가 더 높습니다.

리뷰를 보는 시청자들은 어떤 제품을 선택할까 고민하는 사람들이 많기 때문입니다. 시청자들은 여러가지 제품 모델을 검색하고 최종적으로 제품을 사야겠다는 확신을 갖기를 원합니다. 시청자들이 원하는 제품에 대한 확신을 줬기 때문에 영상에 좋아요와 구독을 하면서 공감을 할 확률이 높습니다.

촬영 스타일

유튜브 촬영 스타일을 정해야 합니다. 이 촬영 스타일에 따라 추후 내가 상업적인 스타일의 영상을 올릴 수 있는지 아닌지의 판단이 가능합니다. 브이로그 스타일, 인터뷰 스타일, 정보를 전달하는 느낌의 리뷰 스타일, 편안한 스타일로 진행해야 할지 선택을 해야합니다. 친숙한 언니나 오빠 스타일로 갈지, 반말하면서 조금 털털한 분위기의 스타일로 선정할지 등등 나만의 촬영 스타일을 정해야 합니다. 예를 들어 딸과 이야기하는 콘텐츠고, 브이로그 스타일로 촬영했다면 추후 상업적으로 접근했을 때 제품으로 연결하기에는 제한적입니다. 내가 추후 제품을 판매하고자 한다면 "나는 어떤 촬영 스타일로 진행하는 것이 좋을지."를 먼저 생각하고 나의 유튜브 캐릭터와 촬영 스타일을 정하는 것이 좋습니다.

청소광 브라이언을 아는 분들 많으시죠? 제목부터 "청소광"이라고 하니 명확한 타겟이 보이죠? 이렇게 명확한 타겟을 가지고 있는 채널은 청소도구, 세정제, 청소기 등의 제품들에서 광고를 받을 수 있게 됩니다.

그리고 추후 제품을 판매할 예정이라면 신뢰감 가는 캐릭터가 좋습니다. 그래야 고급 브랜드에서 광고가 들어올 가능성이 큽니다. 비싼 브랜드일수록 구독자가 적어도 고급스러운 이미지의 유튜버에게 의뢰하는 경우가 늘어나고 있습니다. 이 점을 참고해서 어떤 캐릭터를 설정할 것인지 생각해야 합니다.

스토리텔링의 중요성

같은 제품을 판매하더라도 나만의 스토리텔링을 전달하는 방법이 중요합니다. 사람들에게 나만의 특색있는 리뷰와 차별화된 의견을 말하면서 꾸준히 제품을 판매하는 모습으로 내 캐릭터를 설정하는 것을 추천드립니다. 제품을 홍보하는 방법을 나만의 방법으로 시청자들에게 익숙하게 만들어 두는 것이 필요하기 때문입니다. 유튜브 시작 전에 계획과 기획이 중요하다고 하는 말한 이유가 여기에 있습니다. 항상 초기에 수익화를 생각하고, 어떻게 유튜브 채널을 개설하냐, 하지 않냐에 따라서 몇 년 후에 나의 노력이 헛되지 않다는 점을 기억하고 유튜브 채널 개설을 준비하시길 바랍니다.

브랜디드 콘텐츠(Branded Contents)

　브랜드가 제공하는 가치와 이야기를 중심으로 한 콘텐츠를 통해서 고객과의 관계를 구축하는 마케팅 방법이 브랜디드 콘텐츠인데요. 기업이 홍보하고 싶어 하는 제품이나 서비스를 홍보하는 것뿐만 아니라 소비자와의 감정을 연결하여 소비자와 소통하면서 장기적으로 관계 형성하면서 제품을 홍보하는 콘텐츠 제작 방식을 말합니다.

　인플루언서가 유명하기 전에는 제품을 제공받고 협찬으로 홍보를 진행하는 형식으로 광고가 진행됩니다. 팔로워수도 중요하고, 소비자와 시청자들과의 밀착 정도에 따라 판매 실적이 크게 달라집니다. 그럼으로 시청자와 구독자들을 관리하고, 소통하는 것이 무엇보다 중요합니다.

　유튜버도 구독자가 많으면 브랜디드 콘텐츠를 진행할 확률이 높은 것은 맞습니다. 하지만 그렇다고 해서 유튜브 브랜디드 콘텐츠 수익이 월

등히 높다고 말할 수는 없습니다. 일반적으로 타깃팅이 잘 된 구독자를 가지고 있는 인플루언서 채널들의 수익이 더 높기 때문입니다. 300만 명의 구독자를 보유하고 있으면서 해외 타깃을 한 유튜버보다, 30만 명대 구독자를 보유한 제품 리뷰 유튜버가 훨씬 더 브랜디드 콘텐츠의 제작 비용이 더 높을 확률이 있습니다. 구독자가 해외 타깃이 되어 있는 유튜브 채널의 광고 단가가 낮습니다. 대기업이 아닌 이상 해외까지 광고할 이유가 없기 때문입니다. 유튜브를 시작할 때는 내가 추후 구독자가 많은 유튜버로 성장했을 때 어떤 제품을 어느 나라를 대상으로 홍보할지를 생각하고 진행하는 것도 수익적인 부분으로 도움이 될 수 있습니다.

　피키마마가 그 대표적인 채널입니다. 지금 구독자는 7,030명대의 구독자를 보유하고 있지만, 이미 많은 브랜디드 콘텐츠를 제작했습니다. 구독자가 1만 명도 안 되는데 그게 가능할까 하시겠지만 LG 영업팀에서 제작하는 영상, tvND 필쏘다방 1회 '나도 엄마는 처음이라', 롯데 칠성몰 싱싱마켓, 서울시 패션쇼, 걸작 떡볶이 등 여러분들이 알고 있는 유명한 회사들로부터 광고를 의뢰 받았습니다.

피키마마 채널은 가전에 관련된 영상을 업데이트 해야 유튜브 광고 수익이 올라갈 수 있습니다. 하지만 "중이 자기 머리를 못 깎는다"는 말이 맞는것 같습니다. 가전으로 선택과 집중을 해서 영상을 제작해야 하는데 브랜디드 콘텐츠의 제작 비용이 크다보니 자꾸 방향성을 잃어가고 있는 것 같습니다. 유튜버들이 주의를 해야 할 점 중에 하나지만 저도 예외는 아닌 것 같습니다. 피키마마는 브랜디드 콘텐츠에서 나오는 수익적인 부분과의 타협점을 찾는 것을 중요한 것으로 판단해서 가전, 육아, 생활용품까지 진행하고 있습니다. 시청자들의 믿음과 신뢰를 기반으로 성장한 채널이기에, 다른 채널에 비해 브랜디드 콘텐츠 광고 단가가 확실히 다르다는 것을 느낄 수 있었습니다. 여러분들도 내 채널의 이미지

를 신뢰받는 느낌으로 구축하세요.

유튜브 @mama 피키마마의 인스타그램 @minkim1004와 함께 엄마로서 영향력을 키우고 있습니다. 사람들이 많은 질문을 하시더라고요.

"구독자 1만 명도 안 되는데, 250만원 정도의 상품협찬도 들어왔어?", "서울시에서 주관하는 패션쇼 브랜디드 콘텐츠도 촬영했어?", "몇 개의 제품협찬과 150만 원의 콘텐츠 제작 비용을 별도로 받았어?" 라고 물어보시는 분들도 계셨습니다.

네, 맞습니다. 한 편당 100만 원 이상 하는 동영상도 많이 제작했습니다. 제 경험상 "무조건 구독자가 많아야 수익화시킬 수 있어."라는 생각으로 시작하지 말아야 합니다. 탄탄한 시청자층을 쌓아가라고 말하고 싶습니다.

적은 시청자들이지만 최대한 많이 소통하고, 그들의 마음을 이해하고 진솔한 리뷰를 하면 시청자들은 나의 진짜 팬이 될 것이고, 내가 소개하는 제품들을 믿고 구매하게 되는 것입니다. 이에 따라 나의 영향력도 늘어나고, 수익도 늘어날 수 있습니다.

③

구글 GPE 유튜브 플래티넘 레벨 피키피디가 추천하는 유튜브의 전망: 도전해야 할 2가지

▶

유튜브에 관련된 궁금한 사항이나 질문이 있다면 유튜브 커뮤니티에 문의와 답변을 하는 곳이 있습니다. 그곳에서 GPE들이 활동하고 있는데, GPE는 Google Product Expert(GPE)의 약자로 웹 마스터 도움말 커뮤니티와 같은 유튜브 커뮤니티 포럼에서 다양한 언어의 사용자를 지원하는 데 중요한 역할을 합니다. 피키피디는 GPE 플래티넘 레벨을 가지고 있고, Google 비디오 컨트리뷰터로도 활동하고 있습니다.

피키피디는 유튜브를 시작하고 싶은 사람들에게 유튜브로부터 신기능 등의 정보를 받아 영상을 제작해서 피키피디 채널에 업데이트하고 있습니다.

매년 Google에서 유튜브에 관련한 지식을 가지고 있는 플래티넘 레

Google 2023PES 런던행사

벨 이상의 GPE 4명을 Google PES 행사에 초청했습니다. 2022년도는 싱가포르, 2023년도는 영국, 2024년도는 인도로 초대되어 전 세계 유튜브 제품 전문가들을 만나게 될 예정입니다.

Google PES 행사에서는 앞으로의 유튜브 전망과 신기능 등을 들을 수 있는 기회가 있습니다. 그곳에서 들었던 내용은 비밀유지 각서로 인해 공유할 수 없지만, 피키피디가 생각하는 앞으로의 유튜브 전망 2가지를 공유하려고 합니다.

바로 시작해야 할 첫 번째는 유튜브 쇼핑＋유튜브 라이브 스트리밍 방송입니다.

1. 유튜브 쇼핑

자격요건을 충족하는 크리에이터는 유튜브에서 손쉽게 내 스토어나 다른 브랜드의 제품을 홍보할 수 있게 유튜브 스토어(YouTube Shopping) 개설이 가능해졌습니다. 쉽게 말해서 자사 쇼핑몰을 내 유튜브 채널에 있는 스토어 메뉴에 넣어서 제품을 쉽게 판매할 수 있게 된 것입니다.

이 외에 내가 업데이트하는 영상 콘텐츠뿐만 아니라 라이브 스트리밍 방송 중에 판매하는 제품을 영상 위, 아래, 옆에 태그함으로써 시청자들에게 직관적으로 홍보할 수 있게 되었습니다. 유튜브 쇼핑 기능을 100% 활용하면, 유튜브 채널을 잘 운영하면서도 제품 판매로 수익을 극대화할 수 있습니다.

유튜브 쇼핑을 연결해야 하는 이유

인플루언서들의 영향력이 엄청나게 커졌습니다. 3년 전만 해도 여행 유튜버들이나 해외 현지에 사는 유튜버를 TV에서 보는 경우는 흔하지 않았습니다. 하지만 지금은 TV에서 쉽게 인플루언서들을 볼 수 있고, 연예인들 역시 유튜브 채널을 개설하면서 더 많은 영역에서 그들의 영향력을 실감하고 있습니다.

구독자들과의 친밀도에 따라서 다르겠지만, 인플루언서들이 제품에 관해 설명해 주면 시청자들은 믿고 구매하기도 하고, 팬심으로 상품을 구매하는 경우가 많습니다. 유튜브 채널을 구독한다는 것은 그들이 업데이트한 영상을 기다리고 있고, 보고 싶어 하며, 그들의 말을 신뢰한다는 것입니다. 충성도가 클수록 제품 구매로 연결되어 수익화의 실현 가능성이 크다는 이야기이기도 합니다.

서울리안, 대도서관, JM 등 유튜브에서 라이브 쇼핑을 진행하면서 더 많은 구독자에게 성공적인 공동구매를 진행하였고, 지금은 애주가TV참 PD, 공구왕황부장, 소신사장, 밈더워드로브 등 유명한 인플루언서들은 카페24 쇼핑몰을 유튜브에 추가함으로써 유튜브 수익 외에 보통 사람들이 상상하지 못하는 수익을 창출하고 있습니다.

쇼핑 플랫폼 쇼핑몰

유튜브에서 스토어를 연결하고 채널에 '쇼핑' 기능을 설정하려면 지원되는 플랫폼 또는 제휴사 하나 이상을 유튜브와 연결해야 합니다.

유튜브에서 지원되는 쇼핑 플랫폼은 많은데, 해외 대상으로 제품을 판매하고 싶다면 쇼피(Shopify)로 시작하면 도움이 됩니다. 특히 베트남 쪽에서는 쇼피를 활용해서 우리나라 제품을 많이 구매한다고 합니다. 한국에서 제품을 판매하고 싶다면 카페24 쇼핑 이용을 추천합니다. 유튜브 쇼핑을 이해하고 카페24를 지금 시작한다면 유튜버들도 수익을 창출할 기회가 생길 수 있습니다.

카페24는 대한민국 쇼핑몰 시장 23년 연속 점유율 1위를 차지하고 있는 자사몰입니다. 이곳에 제품을 업데이트하면 유튜브 안에 있는 유튜브 채널 내 롱폼, 숏폼, 라이브, 스토어, 커뮤니티 등의 위치에서 카페24에서 판매하고 있는 제품들을 선택적으로 판매할 수 있습니다.

카페24의 장점과 단점

장점

- 2024년 6월 중순 유튜브 스튜디오에서 인플루언서들이 판매할 제품들을 바로 업로드시킬 수 있는 심플한 레이아웃을 런칭함으로써 제품을 더욱 편리하게 유튜브 영상 위에 제품을 세팅하고 유튜브 스토어에 노출될 수 있도록 변경되었다.
- 다양한 쇼핑몰 디자인 플랫폼 선택이 가능하다.
- 제품을 관리하는 기본 관리 프로그램이 편리하다.
- 재구매하는 소비자가 있다면 고객 자료수집 및 관리가 가능하다.
- 좋은 제품을 판매하면 마케팅 비용을 들이지 않아도 구매자들에게 재구매 유도가 가능하다.
- 카페24에서 직접 인프라〉 솔루션〉 운영〉 창업 · 교육〉 마케팅까지 많은 지원을 해준다.
- 유튜브 쇼핑과 카페24가 연결되어 있는데, 2024년 4월 기준 수수료는 0원이다.

단점
- 초반에 홈페이지 디자인부터 초기 설정하는 것이 어렵다.
- 내 쇼핑몰을 알리기까지의 작업이 가장 어렵고, 마케팅 비용이 많이 든다.

오픈마켓의 장점과 단점

장점
- 쇼핑몰 초기 세팅이 간단하다.
- 오픈마켓을 사용하면 홍보가 편리하다.

- 판매할 제품이 있다면 쉽게 사업 시작이 가능하다.

단점

- 쇼핑몰 디자인 플랫폼의 자율성이 없고, 선택이 제한적이다.
- 오픈마켓의 인프라를 이용하는 만큼 판매 수수료와 광고 마케팅 비용이 커진다.
- 편리하지만 배송/관리 등이 잘못되었을 때 패널티가 주어진다.
- 고객 관리가 쉽지 않다.

카페24 자사몰과 오픈마켓의 장단점을 체크해 보면서, 나는 어떤 곳에서 쇼핑몰을 시작하는 것이 좋을지 생각해 보면 좋습니다. 피키피디가 말하는 카페24 자사몰의 가장 큰 장점은 유튜브 스토어 탭에 연결 후 내가 판매하고자 하는 제품을 노출하면서 직관적으로 노출시킴으로써 수익 창출을 더 쉽게 낼 수 있다는 점입니다. 다른 인플루언서들이 시작하지 않을 때 꾸준히 하다 보면 노출도가 올라갑니다. 내년이 되면 늦게 시작한 걸 후회하게 될 것입니다.

나만의 굿즈 판매를 원한다면 디자이너의 도움 없이 간편하게 바로 시작할 수 있는 마플숍을 추천합니다. 마플숍의 경우, 판매하려는 제품에 내가 원하는 중간이윤을 붙여서 판매하는 구조입니다. 소비자가 주문하면 한 개라도 제작하여 배송해 주며, 내 채널의 브랜딩을 알리기에 좋은 장점이 있지만, 배송기간이 조금 길고, 큰 이윤을 내기는 어렵다는 단점이 있습니다.

지금 유튜브에서 쇼핑 플랫폼 쇼핑몰을 연결할 수 있는 곳은 아래와 같습니다.

- 카페24(한국에서만 사용 가능)
- Shopify
- Spreadshop
- Spring
- Suzuri(일본에서만 사용 가능)
- 마플숍(한국에서만 사용 가능)

유튜브 쇼핑 자격 요건

유튜브에서 내 제품을 홍보하려면 유튜브 채널이 다음의 최소 요건을 충족해야 합니다. 아래 기준들을 충족한다면 유튜브의 승인을 받고, 자신의 유튜브 채널에 스토어를 연결하도록 설정할 수 있습니다.

- 구독자 수 500명
- 공개 동영상의 유효 업로드 3회

  그리고 다음 중 한 가지 조건 충족
- 공개 동영상의 유효 시청시간 3,000시간 (지난 1년간)
- 공개 Shorts 동영상의 유효 조회수 300만 회(지난 90일간)
- 유튜브 파트너 프로그램에 가입되어 있습니다.
- 채널이 YPP 구독자 기준을 충족하거나 공식 아티스트 채널입니다. 채널의 시청자층이 아동용으로 설정되어 있지 않으며, 채널에 아동용으로 설정된 동영상이 많지 않습니다.
- 채널이 증오심 표현에 대한 커뮤니티 가이드 위반 경고를 받지 않아야 유튜브 쇼핑을 설정할 수 있습니다.

제품 태그 후 콘텐츠에서 제품 추천

내가 판매하고 있는 유튜브 쇼핑몰 제품들은 내 유튜브 채널의 다양한 위치에서 시청자들이 제품을 둘러보고 구매할 수가 있습니다. 유튜브 채널 스토어에는 내가 판매하고 있는 카페24 제품들을 유튜브 채널 '스토어(유튜브 쇼핑)'에서 판매가 가능합니다. 이것을 유튜브 쇼핑이라고 부르는데요. 최대 30개의 제품을 선택해서 시청자들에게 노출시킬 수 있습니다.

유튜브 채널 스토어

유튜브 쇼핑은 2022년 12월에 시작된 무료 기능이므로, 먼저 유튜브 쇼핑 기능을 사용한다면 시장을 선점할 수 있습니다.

쇼핑몰 제품 선정

인플루언서들의 역량에 따라 다르지만, 판매하려는 제품은 내 채널과 관련이 있는 적합한 제품을 선택하는 것이 좋습니다. A 유튜버가 전자제품을 리뷰한다면 쇼핑몰에서 판매하는 제품도 최대한 전자제품을 메인 카테고리로 만들어 제품을 판매할 것을 추천드립니다. 내 구독자 타깃에 맞는 쇼핑몰 타깃도 중요하기 때문입니다. 구독자들이 원하는 제품과 내가 판매하고자 노출하는 제품 간에 괴리감이 있을 때 노출도와 조회수가 떨어집니다. 내 구독자, 시청자들이 원하는 제품이 어떤 것인지를 잘 파악한 후 진행하는 것이 좋습니다.

예를 들어 이탈리안 레스토랑에 갔는데 한식 메뉴가 있다면 주메뉴가 없는 것처럼 느껴질 수 있습니다. 반대로 한식집에 갔는데 파스타나 피자를 판매한다면 우리는 단번에 파스타, 피자가 메인이 아니라고 생각하는 것과 같습니다. 내 채널에서의 핵심 주제와 판매할 제품을 일치시켜서 진행하시면 구매까지 연결이 되어 좋은 성과를 이룰수 있습니다.

유튜브 스튜디오에서 분석

유튜브 스튜디오에서 동영상을 올렸을때 '좋아요'와 조회수, 댓글수, 재방문율이 높다는 것은 유튜브 쇼핑을 연결했을 때 성공할 가능성이 큰 이유는 유튜버들에 대한 충성도/신뢰도가 높아서 어떤 상품을 만들어서 판매하더라도 시청자들이 좋아하고 구매하기 때문입니다. 또한 유튜브 스튜디오에서 시청자들이 제품을 클릭한 통계나 흥미들을 체크해 볼 수 있는 공간이 생겨서 시청자들의 반응을 알 수 있기에, 그 데이터를 통계로 구독자들이 어떤 제품에 관심이 있는지를 수시로 체크해 보면 내가 앞으로 어떤 제품을 판매해야 성공할 수 있는지 파악할 수 있습니다.

애주가TV참PD

애주가TV참PD의 경우 컨셉에 잘 맞게 음식을 주로 판매하면서 시청자들의 먹는 욕구를 충족시켜 줌으로써 쇼핑몰 제품들의 판매 실적이 수직으로 상승하는 효과를 거두었습니다.

소신사장

소신사장은 성균관대에서 의상학을 전공하고, 패션 의류 쇼핑몰 18년 차 MD & 대표, 3년 차 패션 유튜버입니다. 그녀는 스토어에서 의류를 판매하여 많은 수익을 창출하고 있습니다.

스토리텔링의 중요성

유튜브에서 제품을 판매할 때 나만의 스토리텔링 방식을 활용해 제품을 판매하는 것이 중요합니다. "제품이 좋아서 추천한다."라는 후기보다는 내가 제품을 사용하면서 경험한 솔직한 이야기와 함께 제품 후기의 장단점을 공유하는 것이 좋습니다. 진정성 있는 비평은 시청자들에게 더 많은 공감을 유발하고, 시청자들과의 친밀도를 높일 수 있습니다. 이에 따라 판매 수익도 극대화할 수 있습니다.

제품을 판매하는 상점 주인이 아닙니다.

누군가에게 영향을 줄 수 있는 우리는 인플루언서입니다. 진솔한 후기뿐만 아니라 나만의 이야기를 추가해서 우리의 이야기와 함께 상품을 판매해야 합니다.

유튜브 라이브 쇼핑을 추천하는 이유

많은 사람들은 "지금 유튜브를 시작하기에는 레드오션이다. 유튜브 하지 마라."고 말합니다. 하지만 지금 시작해도 충분히 라이브 커머스로 성공할 수 있습니다. 왜냐하면 유튜브 쇼핑 기능이 어려워 아직 시작하지 않은 인플루언서들이 많기 때문입니다. 그러기에 여러분들이 지금 선점하여 그 기회를 꼭 잡아야 합니다.

앞으로 1~2년이 유튜브 쇼핑을 키울 수 있는 가장 중요한 시기가 될 것입니다. 많은 인플루언서들이 유튜브 쇼핑을 시작할 때 설정하고 나서 사용하는 것에 대한 부담이 있어서 사용을 꺼리고 있기 때문입니다. 조금만 더 미래의 가치를 보고, 새로운 기능을 공부한 후 노력하는 자세만이 우리가 인플루언서로서 성공할 수 있게 합니다.

유튜브 쇼핑몰 홍보의 한 가지 방법은 유튜브 라이브 스트리밍 방송을 활용하는 것입니다. 최근 유튜브에서는 유튜브 라이브 스트리밍을 더욱 밀고 있다는 사실을 아셨나요? 노출도가 많고 꾸준히 라이브 스트리밍을 진행하던 인플루언서들의 노출도가 급격하게 올라간 것을 볼 수 있었습니다. 또한 나 자신을 적극적으로 홍보하고, 누군가에게 제품을 판매하는 것에 대한 두려움을 떨치고 시청자들에게 먼저 다가가는 새로운 도전을 시작하길 바랍니다.

유튜브를 구독하는 타깃 시청자층이 명확하다면, 유튜브 역시 꾸준하게 영상을 업데이트한 인플루언서들에게 노출도를 높여줍니다. 유튜브 쇼핑을 운영하고 싶다면 라이브 스트리밍 방송을 통해서 꾸준히 제품을 판매해 보시길 바랍니다. 조회수가 1~50회가 나오더라도 실망하지 말고, 꾸준하게 라이브 스트리밍 방송을 진행하면 됩니다. 유튜브 쇼핑의 수요에 비해 공급이 적기 때문에 유튜브 쇼핑 홍보를 위한 라이브를 진행하는 여러분들에게 유튜브에서 노출도를 높여줄 거라 생각됩니다. 어찌 보면 너무 당연한 이야기입니다. 시청자들과 소통을 많이 한 사람들에게는 그만큼 더 친숙해지는 것이고, 자주 얼굴을 마주치고 목소리를 듣다 보면 친한 친구 같은 느낌이 들기 때문에 라이브 스트리밍을 꾸준히 진행하면 구독자들이 추후 내 제품을 구매하게 됩니다.

2. 세로형 라이브 스트리밍 방송

유튜브 라이브 스트리밍 방송을 할 때 유튜브 세로형 라이브 스트리밍을 사용하세요. 2024년 2월 유튜브에서 세로형으로 라이브 스트리밍 진행했을 때 끊김이 적은 것으로 조사되었고, 최근 시작한 신기능이기 때문에 기존 가로형 라이브 스트리밍 방송보다 더욱 조회수를 늘려 주는 것을 볼 수 있었습니다. 꾸준히 세로형 라이브 스트리밍 방송으로 실시간 방송 판매를 진행하는 것처럼 시작하되, 제품 판매가 목적인 느낌이 아닌, 이야기가 있는 상품을 판매하는 느낌으로 편안하게 진행하는 것이 더 판매에 효과가 있습니다.

세로형 라이브 스트리밍 방송을 진행할 때는 유튜브 쇼핑몰에서 업데이트된 제품에 태그를 걸어서 판매를 시작하는 것이 좋습니다. 유튜브 롱폼으로는 동영상 당 약 3만 개의 주문 건수를 기록했었고요. 숏츠의 경우, 영상 하나로 최대 1억 원 이상의 매출을 올리고 있었습니다. 라이브 1회로는 최대 14억 원의 매출을 기록했습니다. 특정 고객사의 경우, 유튜브 쇼핑의 다양한 지면을 활용하여 일 평균 1천 주문 건인 스토어가 최대 25,000건까지 달성했습니다. 우선 선점이 중요합니다. 지금 바로 시작하시길 바랍니다.

카페24에서 유튜브 특가 설정

유튜브 특가란 내 영상을 보고 있다가 영상에 태그된 카페24 제품을 구매했을 때만 기존 가격보다 더 저렴하도록 특별 혜택을 주는 것을 말합니다. 시청자가 상품구매까지 빠르게 진행할 수 있도록 유도해야 하는데, 카페24 쇼핑페이와 유튜브 특가 설정이 가능합니다. 카페24 쇼핑페이는 유튜브를 통한 상품 주문과 결제 동선을 빠르게 제공하는 기능이고, 유튜브 특가를 설정하고 나만의 특가를 설정해서 "오늘만 여러분들에게 저렴하게 드립니다."라고 할 수도 있겠죠.

이런 좋은 기능들이 많은데 카페 24를 왜 사용하지 않겠습니까? 설정하는 방법이나, 더 자세한 유튜브 쇼핑은 유튜브 피키피디 채널에서 카페24와 협업하는 영상이 2024년 4월에 업데이트되니, 영상을 확인해 보시면 도움이 될 것으로 생각합니다.

3. AI 활용한 스마트한 유튜브 운영

유튜브도 스마트하게 운영해야 합니다. AI가 2022년 말부터 엄청나게 활용될 것이라는 말이 있었지만, 인플루언서들에게는 각자 독특한 캐릭터가 있으므로 AI가 아무리 강해진다고 해도 대처가 불가능할 것으로 생각했습니다. 사실 지금도 그 생각에는 변함이 없습니다.

하지만 AI처럼 좋은 도구가 있는 데 잘 활용하면 시간을 절약할 수 있고, 더 많은 자료를 빠르게 찾을 수 있습니다.

ChatGPT: 인공지능형 AI 챗봇

Open AI에서 출시한 챗봇으로 인공지능 AI 빅테이터를 분석해서 정보나 질문에 답해 주고 있는 ChatGPT 웹사이트입니다. 단순한 질문과 답변뿐만 아니라 질문한 내용들을 다시 수집해서 정보를 기억해 강화학습에 초점을 둔 인공지능 언어를 사용합니다. ChatGPT의 성과를 보면 미국 와튼스쿨 MBA와 미국 의사 면허시험(USMLE)을 통과했고, 학술 논문의 공동 저자로 등재되었습니다. 지금은 ChatGPT의 사용이 보편화되면서 학교나 회사 등 사용하고 있는 곳이 점차 많아지고 있습니다.

유튜브 업계에서도 마찬가지입니다. 예를 들어 "나는 도시 여행하는 곳을 좋아하는 사람이야. 2024년 7월 1일부터 8일까지 7일간 미국 뉴욕 여행을 갈 예정이야. 내가 꼭 가야 할 곳 30곳을 추천해 줘. 그리고 그것에 맞는 일정을 짜주면 좋겠어."라고 말하면 내가 미국에 가야 할 베스트 추천지 30곳을 추천해 주고, 일정까지 알아서 정보를 전달해 줍니다. 추가 프로그램을 설치하면 일정에 맞는 항공편과 여행 날짜와 시간, 가격까지 추천해 줍니다.

여행 유튜버라면 이렇게 똑똑한 AI를 어떻게 활용하면 좋을까요? "최고의 미국 여행지 3곳 추천해 줘!", "베트남에서 가지 말아야 할 여행지 5곳 추천해 줘! 그리고 그 이유를 설명해 줘!" 등 비교 또는 최고 여행지 추천까지 다양한 정보를 1분 안에 얻을 수 있습니다.

내가 시간을 들여서 자료를 찾지 않아도 정보를 수집해서 주니, 간단하게 내 주관적인 생각을 같이 추가해서 사용하면 도움이 됩니다.

많은 데이터를 제공해 주는 AI지만 일반적인 내용들을 바탕으로 스크립트를 전달해 주기 때문에 나만의 독특한 후기 스타일/꿀팁을 보여주지 못합니다. 시청자들은 여행지에서 또는 제품을 사용해 보고 느낀 주관적인 정보를 중요하게 생각합니다. 유튜브 역시 유튜브에 업로드하는 영상이 AI로 제작되었는지, 유튜버가 제작했는지를 구분하려고 많이 노력하고 있습니다. AI를 활용하되 개인의 독특한 스타일로 리뷰하고 영상을 제작하기 위해서 노력하는 것이 중요해 지는 시점입니다. 획일화된 영상을 보면 시청자들의 공감이 떨어질 뿐만 아니라 흥미를 유발하기에 부족하기 때문입니다. '감성'이라는 부분이 결여 되었기 때문입니다. 이 점을 주의해서 AI를 사용한다면 시간적인 도움이 될 것으로 생각합니다.

VidiGo: 유튜브 요약이 가능한 AI

시간이 없는 요즘 가끔은 많은 데이터를 빨리 보고, 듣고, 때론 긴 내용들을 간단하게 요약해서 듣고 싶을 때가 있습니다. 이럴 때 영상의 URL 주소만으로 간단하게 영상 안에 있는 내용을 한꺼번에 몇 초안에 글로 요약해 주는 AI가 있습니다.

하루에도 몇백 개, 몇천 개씩 우리에게 편리한 AI 프로그램이 너무 많습니다. 사실 너무 많기에 다 배워서 사용하기도 어렵습니다. 나에게 맞는 편리한 프로그램 몇 개를 선택해서 사용하시길 바랍니다.

너무 많은 내용을 전달해 드리고 싶지만, 페이지의 분량이 정해져 있네요.

지금도 유튜브를 시작할까 고민하시는 분들이 있다면 무조건 지금 시작해 보시길 바랍니다. 내가 머릿속에 있는 모든 것들을 정리해서 늦게 시작하는 것보다. 시행창오를 격는 것보다 유튜브를 시작해서 직접 내가 유튜브 스튜디오를 분석하면서 내가 시청자들을 파악해 가는 것이 가장 중요하기 때문입니다. 그런 도움이 필요하다면 유튜브 피키피디를 구독하셔서 더 많은 정보를 받아보시길 바랍니다.

여러분들은 모두 여러분들이 생각하는 것보다 더 많은 잠재력을 가지고 있습니다. 여러분들을 응원 할께요!

바이 가이스! 지금까지 유튜버 피키피디였습니다.